O SOM DOS ACORDES 2

Lulu Martin

O SOM DOS ACORDES 2

Novos desenvolvimentos

GRYPHUS

Editoração e revisão musical
Lulu Martin

Capa
Rejane Megale baseada em design de Axel Sande

Editoração Eletrônica
Rejane Megale

Revisão
Lara Alves

Fotografia do autor
Milene Fernandes

Adequado ao novo acordo ortográfico da língua portuguesa

CIP-BRASIL. CATALOGAÇÃO-NA-FONTE
SINDICATO NACIONAL DOS EDITORES DE LIVROS, RJ

M334s
v.2

Martin, Lulu
O som dos acordes 2: novos desenvolvimentos /
Lulu Martin. - 1. ed. Rio de Janeiro: Gryphus, 2019.
84p.; 28cm

Inclui bibliografia
ISBN 978-85-8311-129-0

1. Piano - Instrução e estudo. 2. Jazz. I. Título.

19-56049 CDD: 786.2
CDU: 780.616.432

GRYPHUS EDITORA
Rua Major Rubens Vaz, 456 – Gávea – 22470-070
Rio de Janeiro, RJ – Tel (Oxx21) 2533-2508
www.gryphus.com.br – gryphus@gryphus.com.br

Este trabalho é dedicado ao meu pai, Hugo Lima, pianista de jazz amador, que me ensinou meus primeiros bons acordes e a gostar de jazz. Ao meu filho, Caio Lima, cuja existência me estimulou a procurar novas sonoridades no piano para poder criar novas possibilidades de vida. Ao Studio Nova Onda, em especial ao Wanderlei Gonçalves, o Passarinho (a grande dupla brasileira do áudio para publicidade), e a todo o pessoal: Raphael Bessa, Edson Dias, Renata Lima, Vini, Gabriel, Maria Lilian, Juruna e Grace, por todas as oportunidades que me deram de ser um músico mais refinado. A Giselda e a Maria Teresa por tudo o que passamos juntos. Aos amigos músicos que me estimularam a tocar melhor. Aos queridos professores que tive na Berklee College of Music, aos professores e saudosos pianistas brasileiros Amyrton Vallim e Luiz Eça. Dedico também à Socinpro (Sociedade Brasileira de Administração e Proteção de Direitos Intelectuais), que sempre me ajudou a ultrapassar dificuldades (em especial, a Silvia Magda).

AGRADECIMENTOS

Agradeço aos amigos músicos que me estimularam nesse projeto. Ao guitarrista Nando Chagas, que me ensinou sua técnica dos acordes de 4 notas. Ao meu querido amigo, Bernardo Campos, um grande médico, que sempre celebrou a música com o Jazzdarovia e seus convidados. A Maria Lilian, do Nova Onda, pela atenção e carinho, uma profissional sempre dedicada. Ao baterista Claudio Infante e à cantora e artista visual, Taryn Szpilman, pelas parcerias de trabalho ao longo da vida. À minha irmã, Pimpa, pela objetividade na vida. Ao meu saudoso irmão Hugo Lima Filho, que sempre me admirou musicalmente. Ao meu filho Caio Lima, por ter me dado muitas alegrias.

Ao professor mestre Frederico Lustosa, que ensina gestão cultural e me ensinou a me informar melhor. A Alzira Santos, que me liga sempre nos meus aniversários e nos natais. A minha editora, Gisela Zincone e ao pessoal da Gryphus. Obrigado a todos que direta ou indiretamente contribuíram de forma positiva na confecção deste livro.

SUMÁRIO

PREFÁCIO

O novo livro do pianista Lulu Martin avança em novas possibilidades que ele já havia abordado no seu primeiro livro, **O Som dos Acordes**: trazer novas possibilidades nas sonoridades e construções de acordes.

Os acordes têm um padrão convencional de formação e, com o tempo, sentimos que estas nossas sonoridades vão ficando repetitivas e ficamos sem saber para onde ir. A proposta do **Som dos Acordes 2** é oferecer novos padrões na montagem dos acordes e na maneira de pensá-los. O volume dois traz acordes quartais, sobreposição de tríades, além de todo o conceito dos famosos "drops". Com modelos escritos, alguns em todos os tons, além de propostas de exercícios e tudo de uma maneira rápida, prática e direta, **O Som dos Acordes 2** se consolida como um ótimo um livro para se estudar harmonia com calma e foco e, em pouco tempo, ter novas sonoridades nas harmonizações e acompanhamentos ao piano.

Raphael Montechiari

pianista e diretor da escola Rio Música

PREFÁCIO 2

Este livro do Lulu Martin, **O Som dos Acordes 2**, trabalha com regras musicais que ensinam a construir dissonâncias. A teoria tradicional ensina que a música tende a seguir o conceito de dissonância e consonância, tensão e resolução, perguntas e respostas. Podemos lembrar que as três principais funções harmônicas são a tônica, que transmite a sensação de repouso, finalização; a função dominante, que transmite a sensação de instabilidade e tesão; e a função subdominante, que é o meio-termo entre as duas outras funções.

Conheço o músico Lulu Martin há muitos anos. Tocamos e viajamos muito. Participamos de um projeto Pixinguinha memorável, com o saudoso trompetista Marcio Montarroyos, com a participação do Serginho Trombone, um dos grandes arranjadores brasileiros, e do baterista André Tandeta. Revezávamos no baixo teclado. Lulu Martin sempre se interessou pelos acordes e suas possibilidades de uso nas músicas em geral. O método dele é um livro que apresenta regras para se construir acordes dissonantes. Ele ensina essas regras que permitem estudar novas possibilidades de som. Acho muito marcante esse tópico da harmonia, acordes em repouso.

José Lourenço

pianista e arranjador

INTRODUÇÃO

Este novo livro de acordes e inversões é um trabalho feito de lembranças que não entraram no meu primeiro livro, **O Som dos Acordes**. Como certas lembranças de outros acordes e inversões foram aparecendo, mantive meu caderno de música aberto no piano, e sentava nele para aos poucos ir escrevendo o que ia lembrando.

Umas dessas primeiras lembranças que tive após publicar o livro, foi de uma palestra do clarinetista John Laporta, no auditório da Berklee College of Music, em Boston. Ele improvisou sozinho, num tema de jazz, e disse que primeiro usaria apenas os tons dos acordes da música. Depois disse que **a quinta do acorde era uma nota boa para se iniciar e terminar uma frase musical**, uma nota sem tensão. Isso me fez lembrar da regra da harmonia de jazz que a escola ensinava, "**a nona do acorde substitui a tônica, e a sexta substitui a quinta do acorde**", o que me deu o fundamento e a organização para um exercício novo.

Ao longo da vida musical aprendi que certos acordes seriam bons apenas para se tocar naquela situação musical específica. Então, um outro esquema musical de que me lembrei foram, os "**acordes do Miles Davis**", como eram chamados por quem me ensinou. Eles criam um clima complexo num contexto de improvisação livre em um acorde menor.

Na escola de música, eles vendiam as apostilas dos cursos da grade escolar, e dentro delas os alunos iam fazendo os exercícios pedidos. Vendiam o fichário da escola também. Ao olhar o meu, notei que eles colocavam nas apostilas de harmonia uma mesma página, que era uma tabela que continha as **notas a serem evitadas nos modos da escala maior**. Assim me lembrei da "**tabela de limites de intervalos graves**", incluída neste livro.

Este livro não foi feito nos moldes acadêmicos e nem de forma progressiva de dificuldades. Como disse antes, é um trabalho que, por ser posterior ao livro principal, **O Som dos Acordes**, foi feito de lembranças de exercícios que não entraram no primeiro livro. A ordem da montagem dele é aleatória, tanto por dificuldade técnica ou musical. Mas, de alguma maneira, coloquei os assuntos numa ordem determinada. Acho que seria positivo pensar este livro como se fossem lições de música. Lições de acordes que alguém interessado poderia querer estudar melhor.

No mundo da música existem muitos assuntos interessantes. Como um músico que faz pesquisas por conta própria para tentar progredir, assisti a muitos filmes e documentários de música. Consegui me desenvolver assim. Percebi que sou uma pessoa de funcionamento mais visual. Meu funcionamento e desenvolvimento estão mais atrelados ao meu campo visual do que ao auditivo. Assim, vendo as pessoas tocarem seus instrumentos, eu me estimulo mais do que apenas pela audição, e acabo me identificando mais, porque vejo que é possível melhorar na qualidade em tudo na música. Percebi que, quando mais relaxado e menos ansioso, melhor toco, porque mais integrado fico ao momento e à ação de tocar. Hoje entendo melhor esse aspecto mental que permite entrar no fluxo da música.

Carreguei por muitos anos um pequeno folheto de papel de uma escola de improvisação musical livre, que dizia que, no início da vida musical, imitávamos alguém de quem gostávamos musicalmente falando. Depois deveríamos ir construindo nossa própria personalidade musical. No último estágio, o que interessava era manter nossos ouvidos bem treinados e atentos, e estar essencialmente vazios, para podermos vibrar com a energia da música. Conseguir entrar no fluxo da música e vibrar com sua energia é o objetivo central do instrumentista. Espero que este livro de lições de acordes possa ajudar nessa experiência de aprofundamento na música.

DESCRIÇÃO DOS ASSUNTOS

Tétrades

Tétrade é um grupo ou arranjo de quatro coisas, algo composto de quatro partes. Estes são os acordes mais básicos que alguém que gosta de música e quer aprender acordes deveria estudar. Servem para pessoas que tocam outros instrumentos e gostariam de saber mais sobre acordes. Estes são os acordes naturais da escala maior. Só existem estes acordes, e quaisquer outros seriam variações desses primeiros. Para se estudar algo em todos os tons, a melhor maneira é ir seguindo o ciclo das quintas. Estudar de forma cromática ou aleatória não é a melhor forma, porque não traz ordem, como o estudo em dificuldade progressiva pode trazer. As notas das tríades (primeiras, terceiras e quintas) e das tétrades (juntando as sétimas) são as notas principais dos acordes, e são conhecidas como notas do acorde.

Acordes de quartas

Este exercício é para se familiarizar melhor com a sonoridade de acordes com intervalos de quartas. É uma sonoridade característica da música de jazz. O primeiro exercício deve ser este, de acordes de quartas da escala maior. Serve para se familiarizar com essa sonoridade mais dissonante, mais pesada. E o quarto acorde é um acorde dominante muito usado em jazz e arranjos, e em outros estilos musicais também.

Drops

Drops é uma técnica americana de arranjo de jazz. É uma sonoridade excelente para a arte de tocar o piano solo. Ela deve ser mais explorada em suas capacidades e misturas. Misturar técnicas é muito criativo. Alternar inversões de acordes em posição Drops com acordes da pentatônica harmonizados em quartas é uma excelente sonoridade.

Criar acordes variáveis dentro de um acorde central fixo. Essa é a base do que gosto no piano de jazz. Misturar essas técnicas de construção de acordes é muito criativo. Misturar acordes em quartas das escalas pentatônicas com acordes de formação drop é muito interessante e musicalmente agradável.

Pentatônicas

Escala pentatônica é qualquer escala de cinco notas. Ela vem do ciclo das quintas, dó, sol, ré, lá mi. Reagrupando as notas temos a escala na ordem: dó, ré, mi, sol, lá. A pentatônica é considerada maior porque, entre a tônica e a terça, é uma terça maior. Existem ainda as escalas pentatônicas modais da escala maior e as escalas modais da escala menor melódica de jazz. Outras possibilidades não foram exploradas pelos meus livros.

Tríades

Tríades são o início da harmonia e dos acordes. Acordes parados são harmonia em descanso, e eles indo de um para o outro são a harmonia em movimento. Eu sempre tive um gosto mais apurado por acordes e harmonia. E definições de harmonia também sempre me interessaram.

Acordes de quatro notas

Estes acordes me foram passados como uma técnica de distribuição de notas dentro de um acorde. A pessoa que me ensinou é um guitarrista, e fiquei com a impressão de que seria mais indicado para harmonia de guitarristas. Mas é uma percepção dele sobre acordes e pode ser interessante usar em arranjos, de forma geral. No piano, eu tenho tido preferência por usar acordes com mais notas.

Dominantes

As notas mais importantes num acorde dominante são a terça e a sétima. Juntas, elas caracterizam o trítono, um intervalo dissonante que pede uma resolução. As técnicas de montar acordes começam com a ideia de extrair os acordes naturais das escalas. Upper structure triad é uma técnica em que usa o trítono do acorde, e na parte mais aguda do acorde toca-se uma das tríades da escala.

A regra da harmonia onde a nona substitui a tônica e a sexta substitui a quinta do acorde foi uma das primeiras explicações que tive na escola de música. Os acordes que resultam desta regra são o início da sonoridade mais complexa do jazz. Harmonia é concordância e consonância. Alguns sinônimos de harmonia podem ser equilíbrio, ordem, acordo, concórdia, consonância, entendimento, conciliação. Acordes são sons simultâneos. Acho que, para podermos perceber melhor a dissonância musical, devemos passar pela consonância primeiramente, para melhor entender a ordem e o caos musical.

Gosto dessa definição que li na internet:

"Estando muitas vezes relacionada com o universo da música, a harmonia musical indica a concordância ou combinação de vários sons simultâneos ou de acordes que são agradáveis ao ouvido. O estudo da harmonia é essencial para o estudo da composição e por isso, a harmonia também é a arte de compor os sons simultaneamente. Enquanto a harmonia é a combinação de sons simultâneos, a melodia é a combinação de sons sucessivos. No âmbito da estética, a harmonia indica uma característica do que é considerado bonito, e indica uma concordância entre cores, tamanhos e movimentos."

Limites de intervalos graves

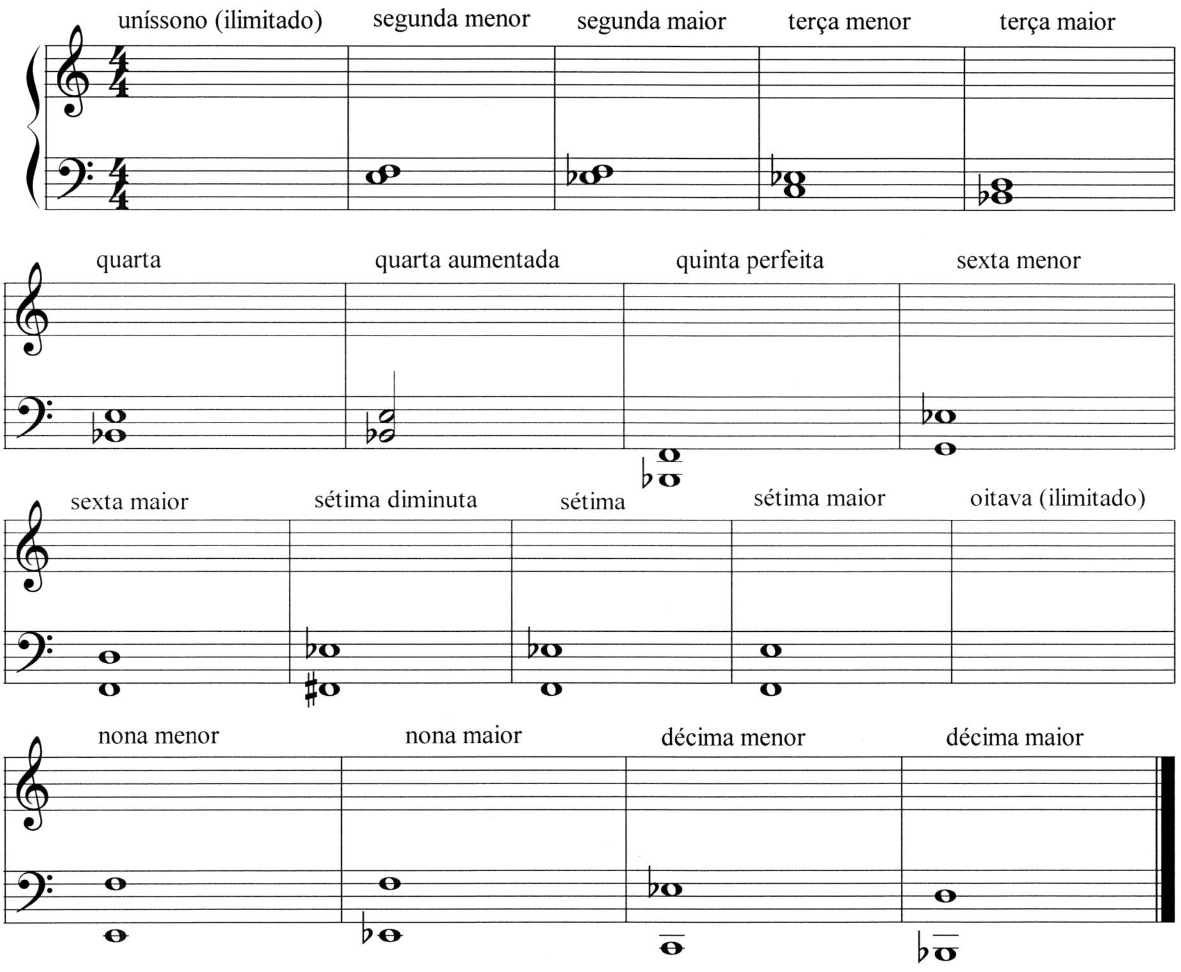

A tabela de Limite de Intervalos Graves é um conceito que define os tons em que os intervalos mais graves podem ser claramente percebidos, sem soarem indefinidos ou obscuros.

(action)
YANG – Δ – masculine, forceful,
Discharge of power, thunder
light, hot, downbeat, responding
(reaction)
YING – ∇ – feminine, yielding,
reception of power, wind,
dark, cold, upbeat
precipitating.

YANG YING

O quadro da tabela Yang Ying é uma aula de interpretação que recebi de um músico mais velho na época. Ele se chamava Joe, era compositor de grandes peças de música orquestral e tinha 41 anos na época. Eu tinha 20 nessa época.

Acredito que a cultura americana, como um todo, é muito pragmática. Por serem muito práticos, fazer algo para obter resultados positivos, eles elevaram o nível técnico de todas as atividades possíveis. O falecido ator e diretor do teatro brasileiro Sergio Britto dizia que os americanos já tinham feito de tudo, que eram fantásticos. Na música isso se traduz em boa leitura à primeira vista. Nos esportes, a primeira capacidade é a de poder correr muito rápido e ter boa capacidade de fôlego. No final, quando não existe mais desenvolvimento possível nas práticas comuns, eles tendem a se voltar para o lado espiritual, e, assim, escutei muito que "o meu talento é um dom de Deus". Acho que essa ideia fez crescerem conceitos que guiam a ação para melhor, porque entram no campo do esotérico e criam positividade. Essa é a ideia central do meu amigo, que me ensinou essa tabela de interpretação musical, baseada no conceito do Yang Ying.

Os quatro tipos de acordes da escala maior

Existem quatro tipos de acordes de quatro notas. Acorde maior com a sétima maior, acorde menor com a sétima, acorde maior com a sétima, acorde menor com a sétima e o quinto grau menor.

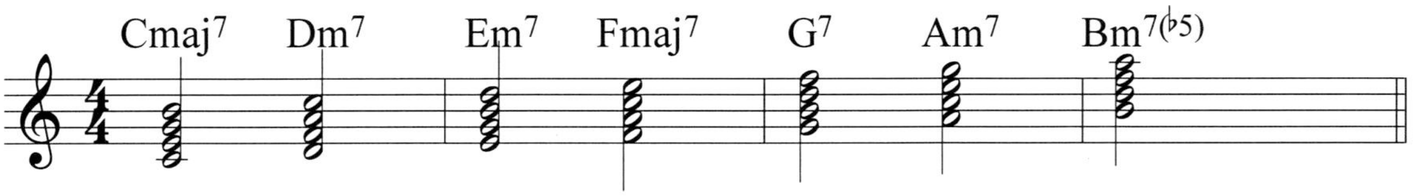

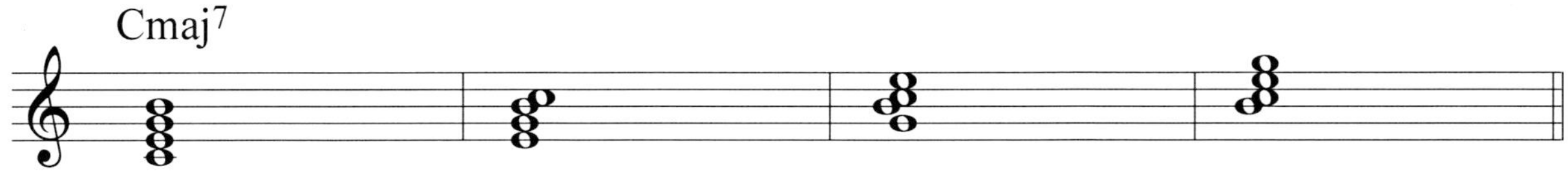

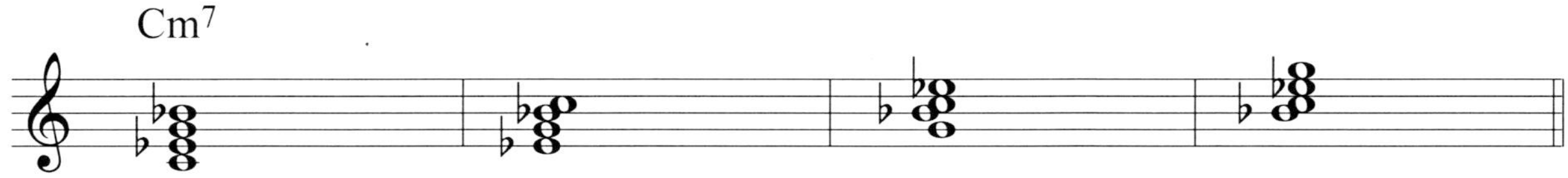

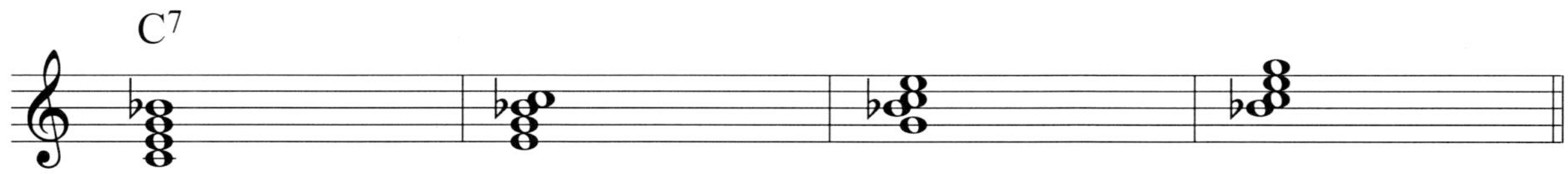

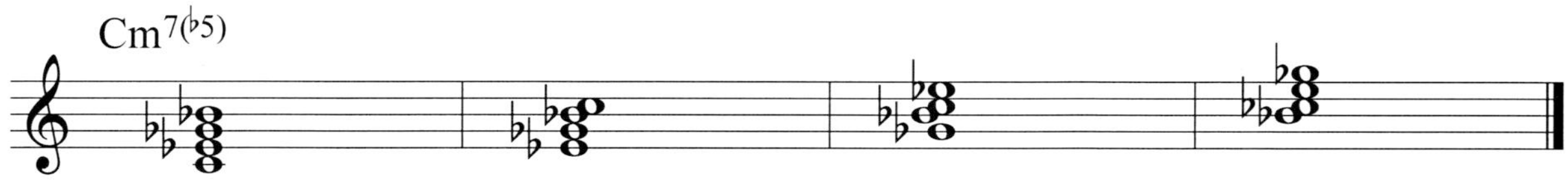

Estudar em todos os tons.

Regra: a nona substitui a tônica e a sexta substitui a quinta do acorde

Regra da harmonia

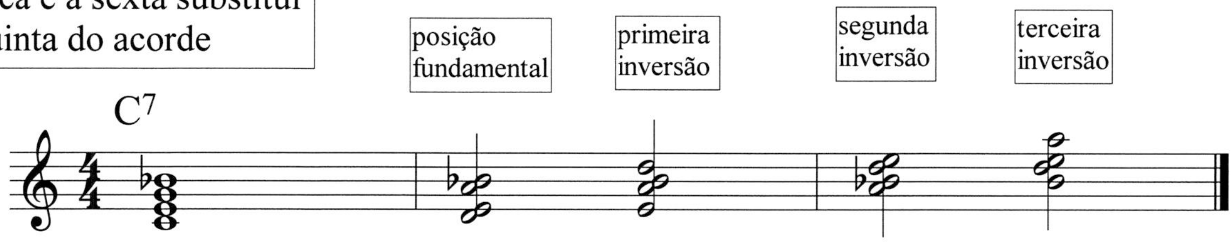

A regra da harmonia em que a nona substitui a tônica e a sexta substitui a quinta do acorde é uma das principais regras da sonoridade do jazz. Os acordes que resultam desta regra são o início da sonoridade mais complexa da dissonância. Harmonia é concordância e consonância. Alguns sinônimos de harmonia podem ser equilíbrio, ordem, acordo, concórdia, consonância, entendimento, conciliação. Acordes são sons simultâneos.

Exercício 1 com acorde dominante (9,13)

primeira inversão do acorde

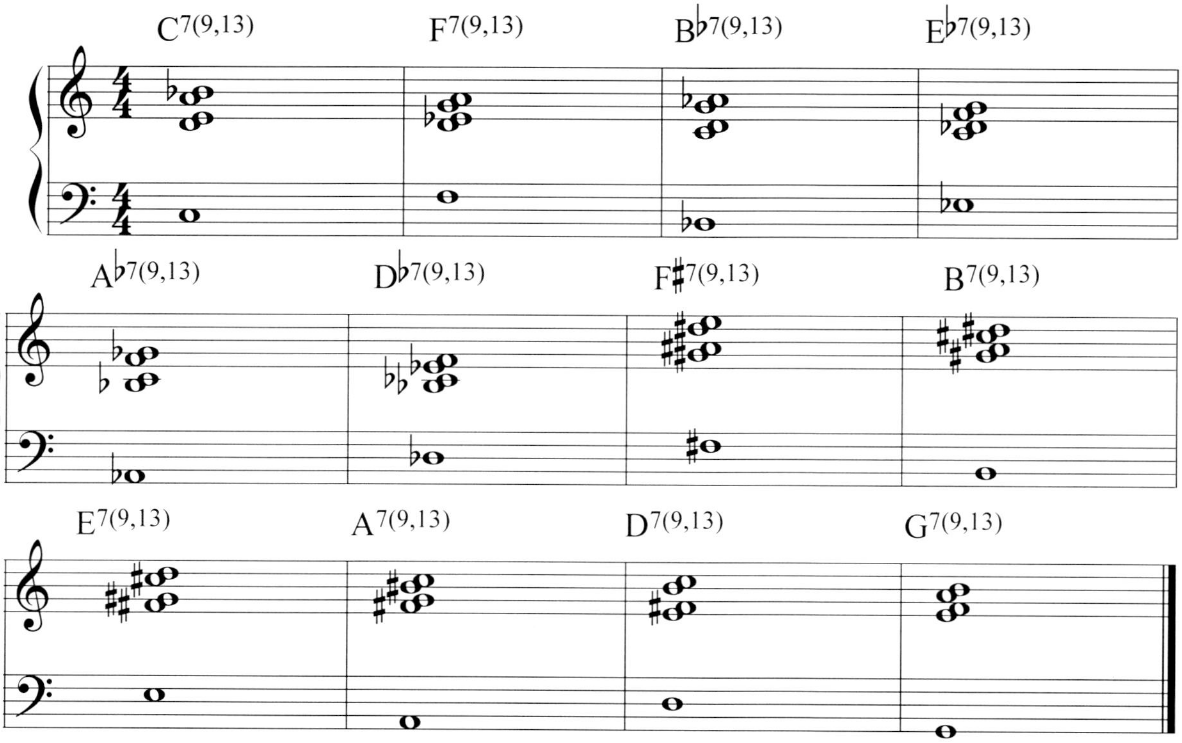

Exercício 2 com acorde dominante (9,13)

segunda inversão do acorde

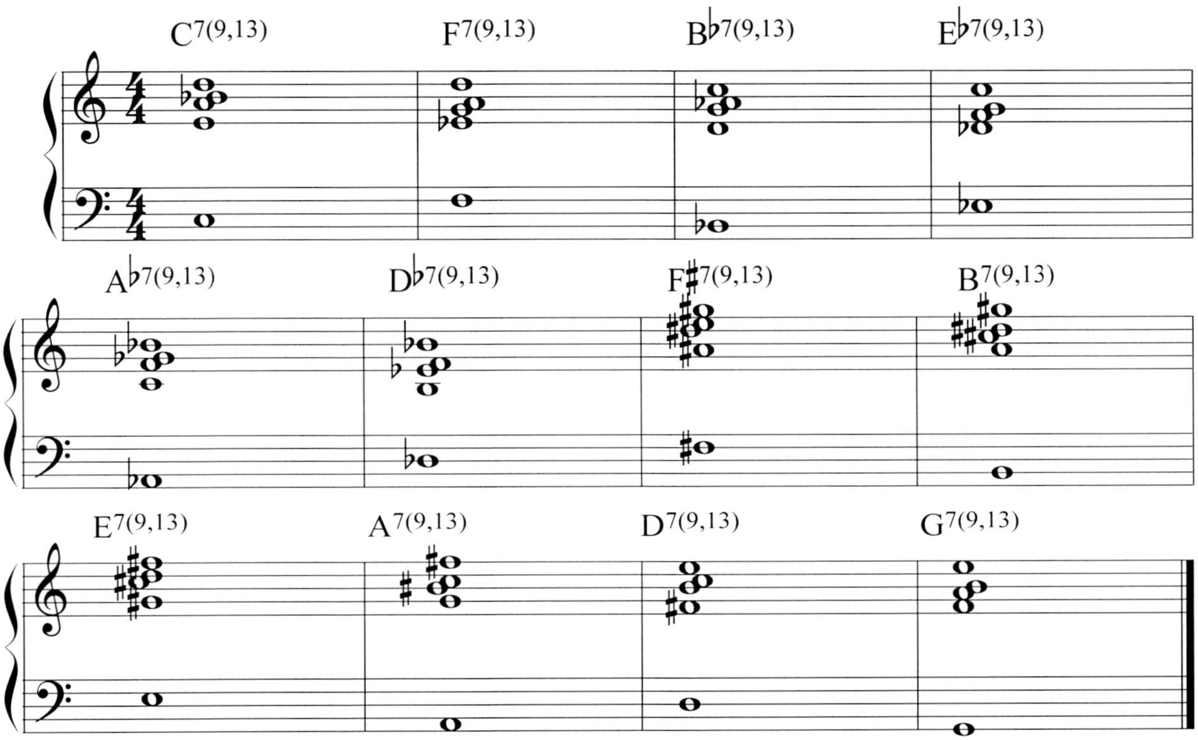

Exercício 3 com acorde dominante (9,13)

segunda inversão do acorde

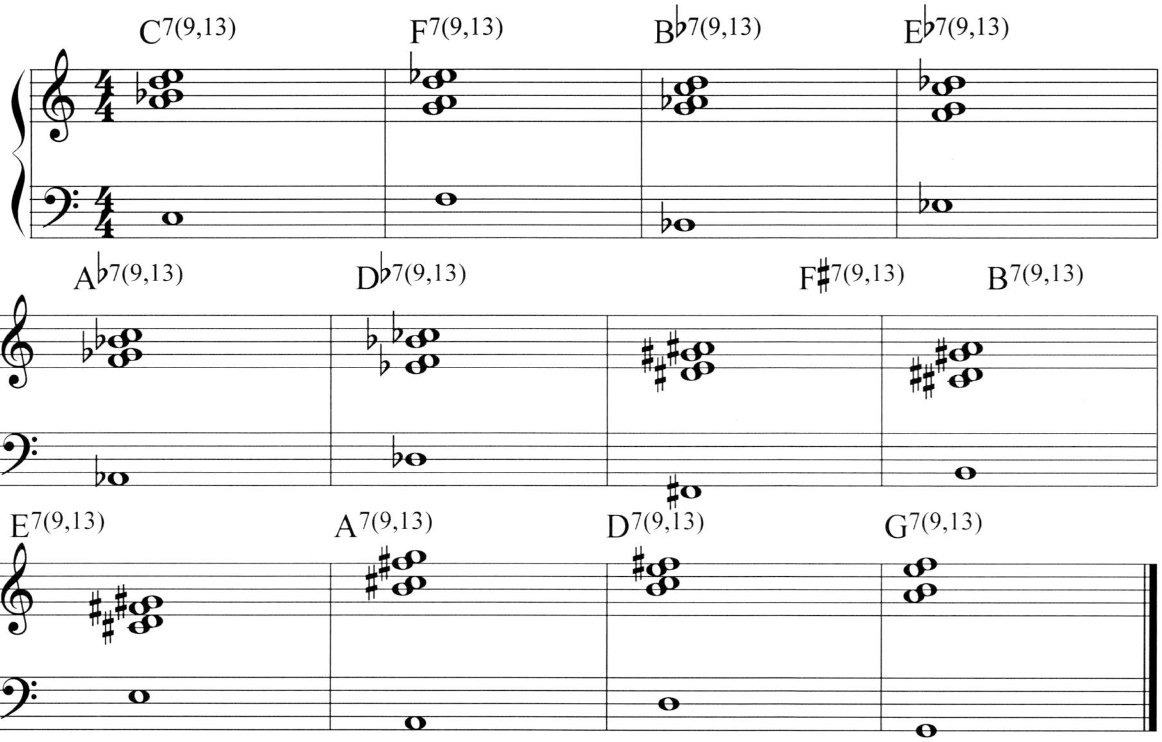

Exercício 4 com acorde dominante (9,13)

terceira inversão do acorde

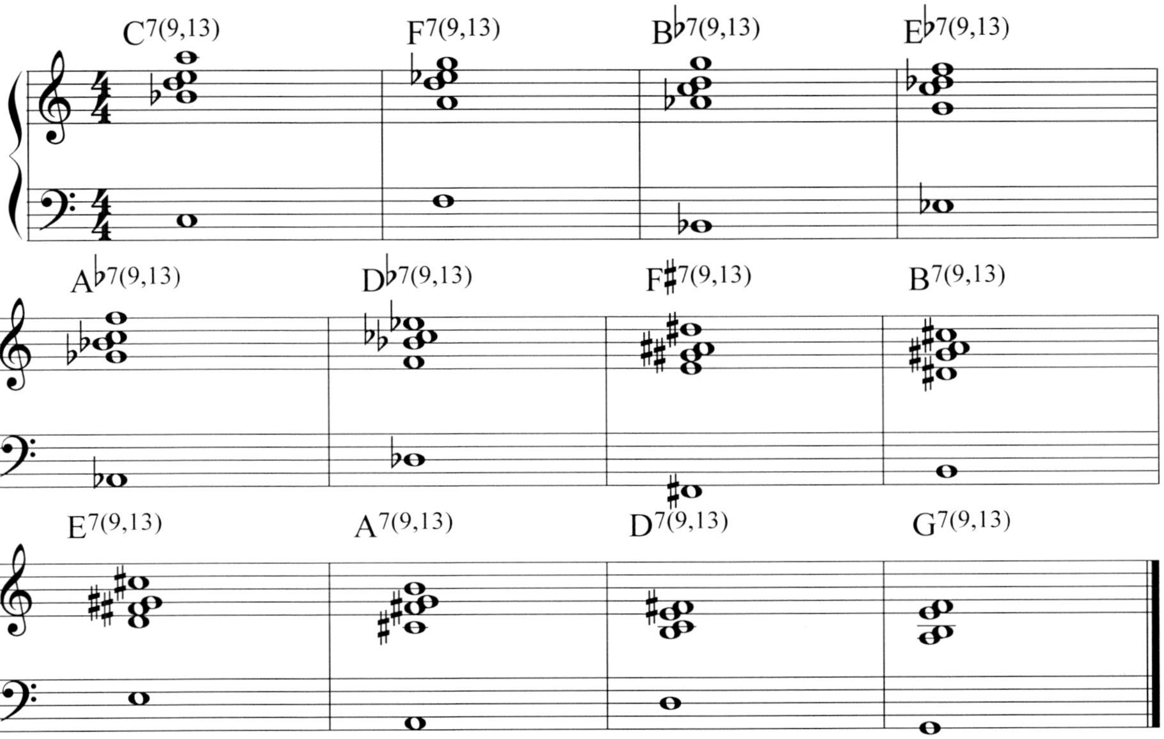

Acordes de quartas da escala maior

Acorde com intervalos de quartas da escala maior.

Acordes de quartas derivados da escala de C maior. O quarto acorde é um acorde dominante.

O quadro 1 é um acorde feito de intervalos de quartas sobrepostas umas às outras dentro da escala de Dó maior.

O quadro 2 é o mesmo acorde subindo diatonicamente na escala de Dó maior.

O quadro 3 é um exercício com o quarto acorde, classificado como acorde dominante. Esse é um som básico da sonoridade jazzística.

Faça o estudo do quadro 2 em todos os tons maiores.

Técnica Drop – acorde maior

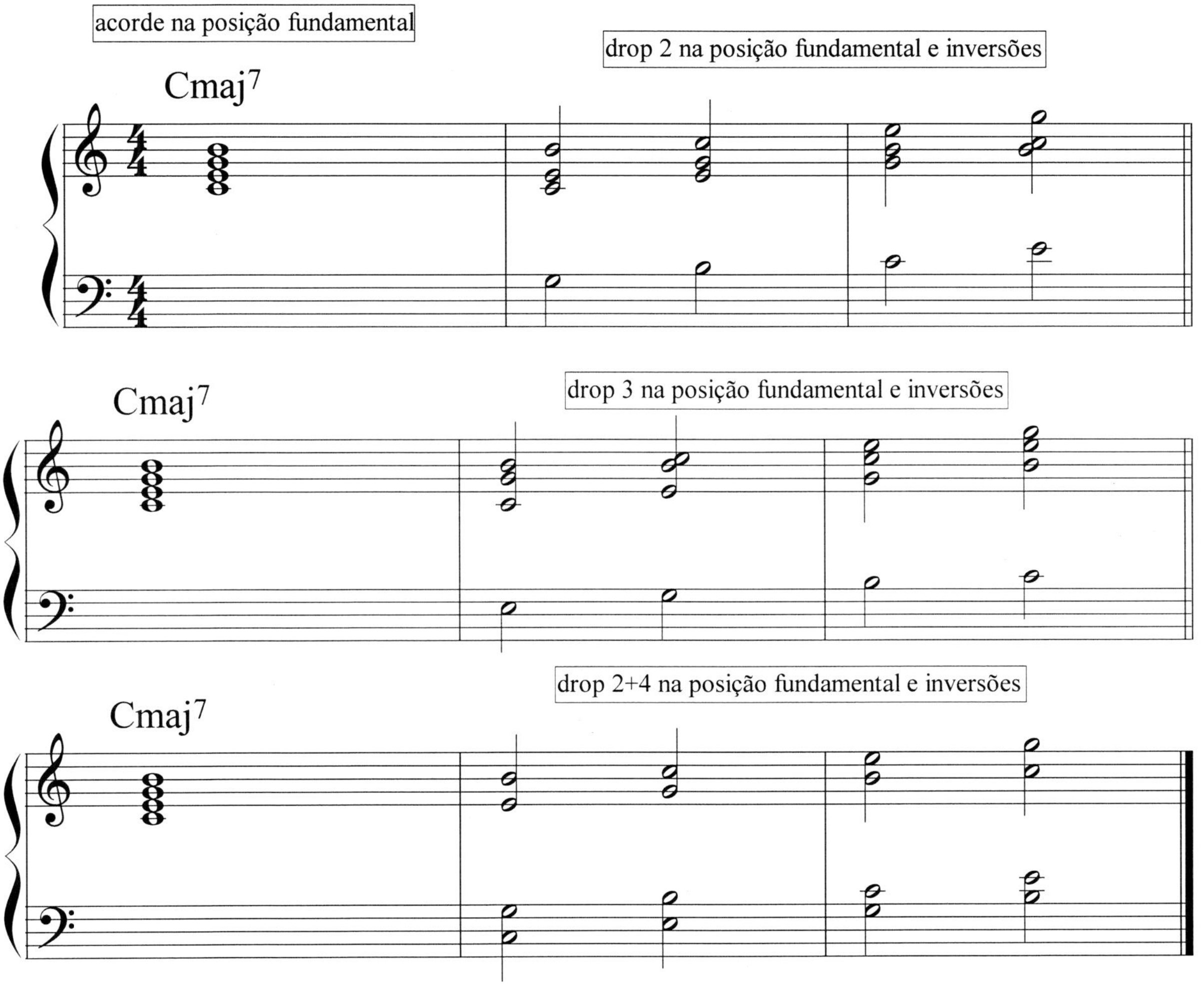

Explicação:

Drop é uma técnica de arranjo de jazz. "To drop" significa "deixar cair". Quando lemos um acorde na partitura olhamos ele na forma vertical. Drop 2 significa que a segunda nota do acorde, contando do agudo para o grave, irá cair para a oitava abaixo. É uma técnica de distribuição de notas dos acordes. No drop 3 a terceira nota do acorde vai para a oitava de baixo. No Drop 2+4 a ordem é a mesma, a segunda e a quarta notas descem uma oitava.

Técnica Drop – acorde menor

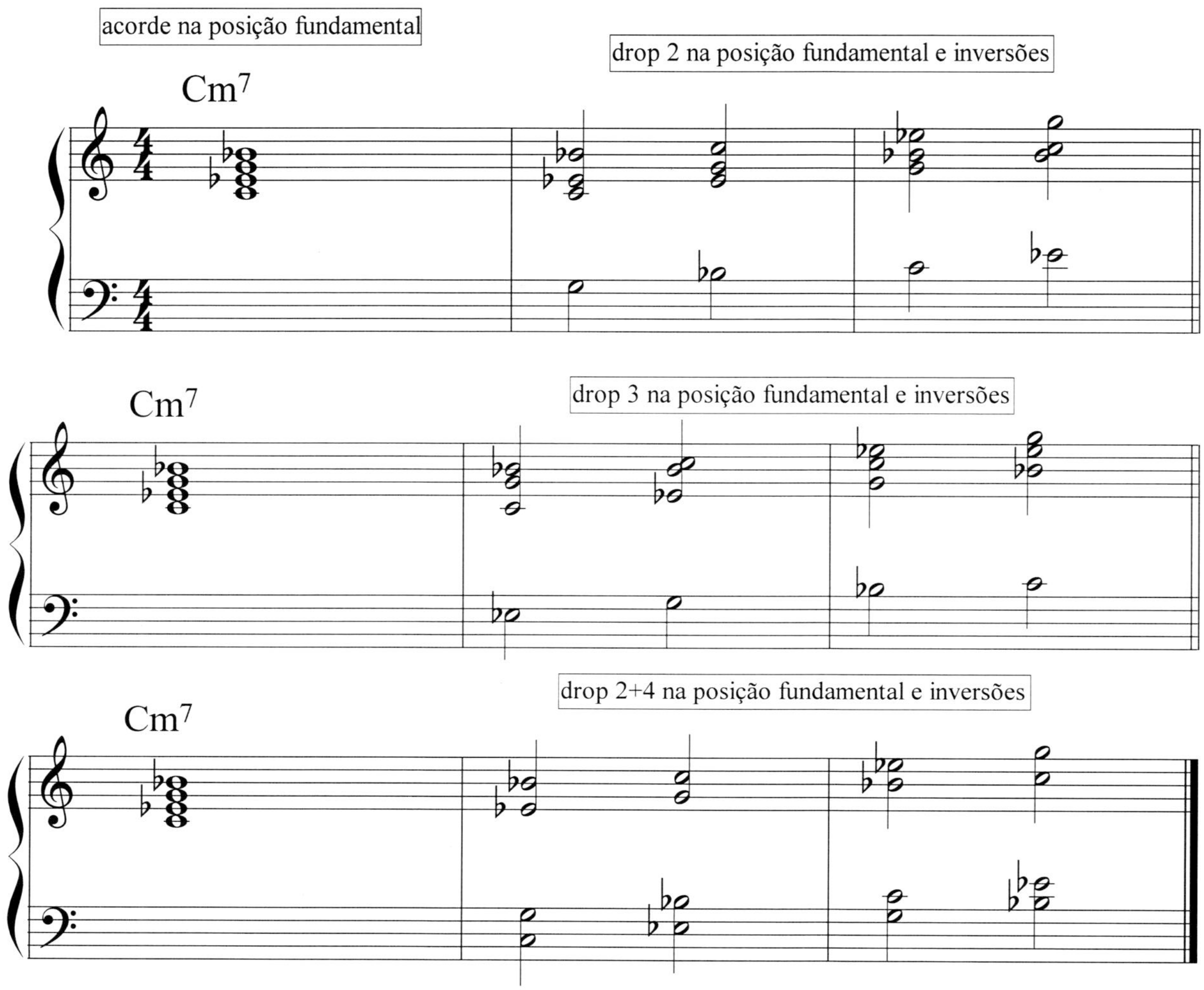

Drops 2+4 em acorde maior e acorde menor

No acorde Cmaj7 pode-se alternar os acordes Cmaj7 com E-7, nas posições 2+4, para se ter uma progressão de acordes que podem ser tocados dentro do acorde de Cmaj7.

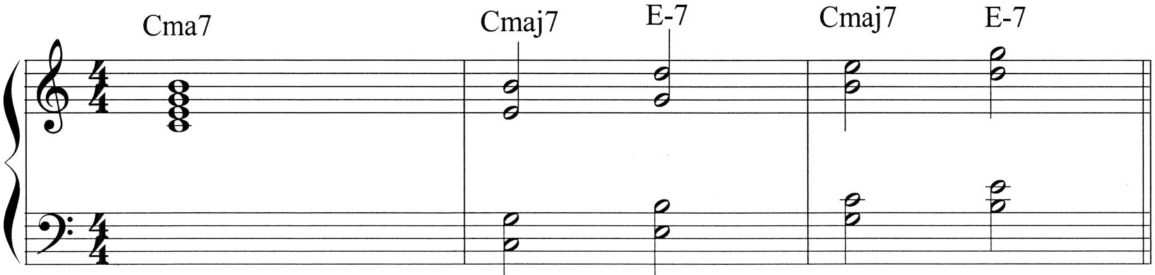

No acorde relativo menor, no caso o A-7, deve-se usar esses acordes, A-7 alternando com Cmaj7. Eles soam muito bem e fazem uma boa progressão.

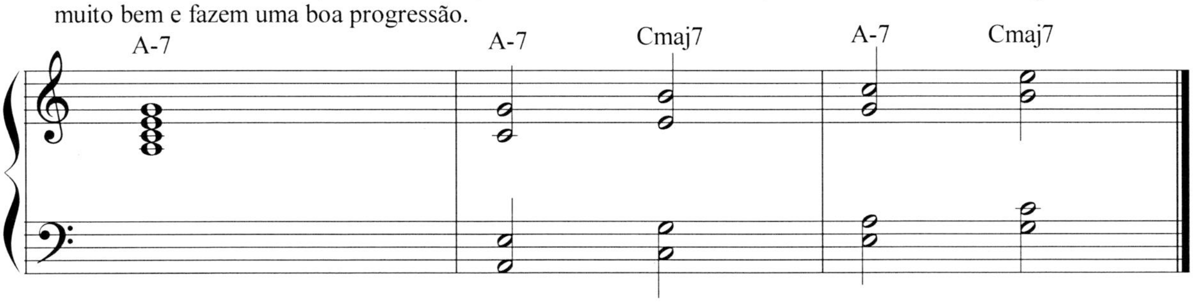

Drops aplicados nos acordes naturais da escala maior posição fundamental

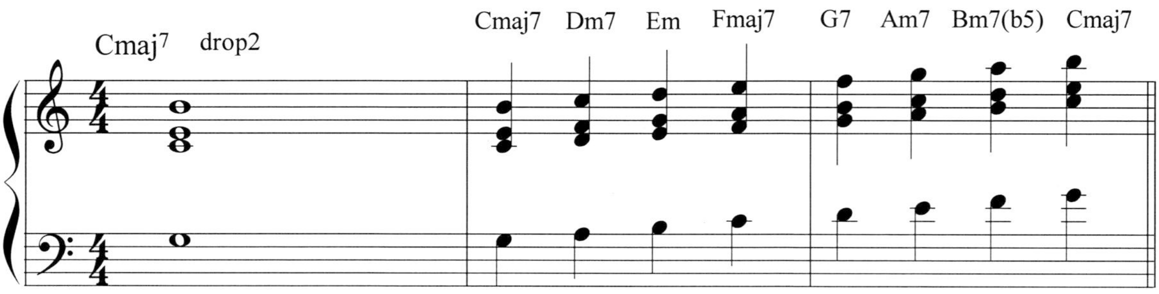

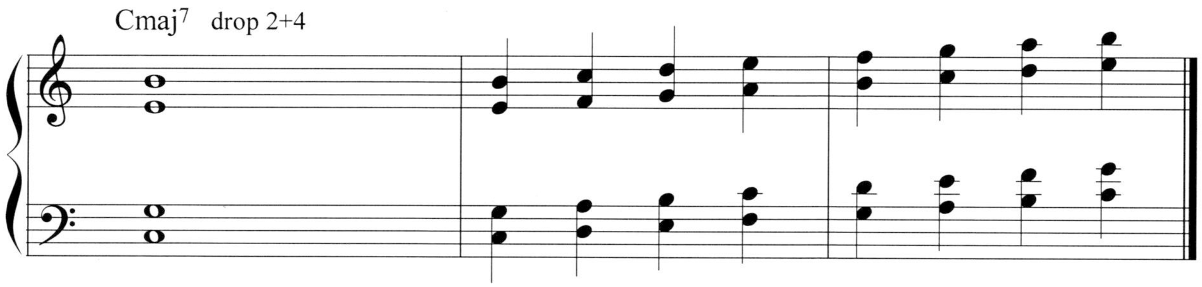

Esse exercício serve para se ter noção das diferentes sonoridades entre os acordes e as inversões. Serve também para eliminar os problemas de tons, quando se estudar os exercícios em todos os outros tons.

Drops aplicados nos acordes naturais da escala maior
primeira inversão

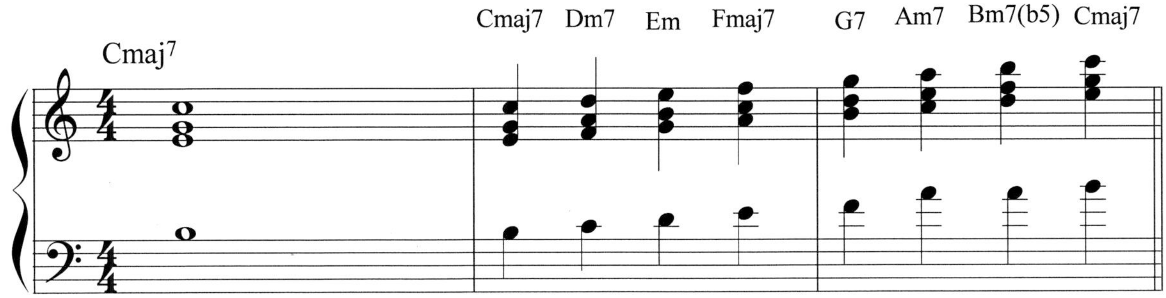

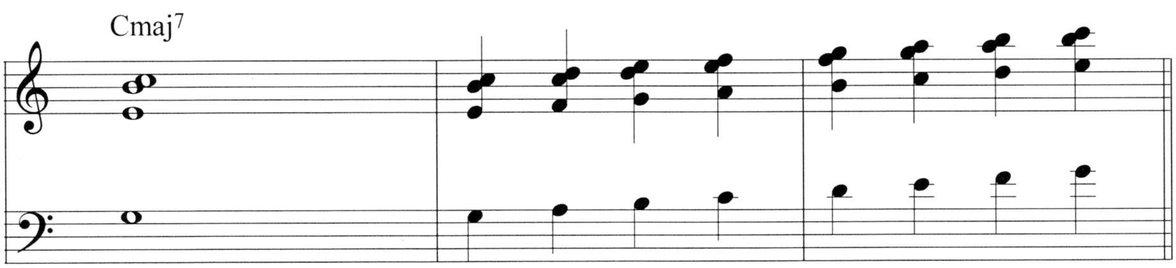

Drops aplicados nos acordes naturais da escala maior segunda inversão

Drops aplicados nos acordes naturais da escala maior terceira inversão

Alternando drop 2+4 com drop 2 no acorde maior

Drop 2 misturando acordes maiores

1

Fmaj7 (#11)

acordes em drop 2+4

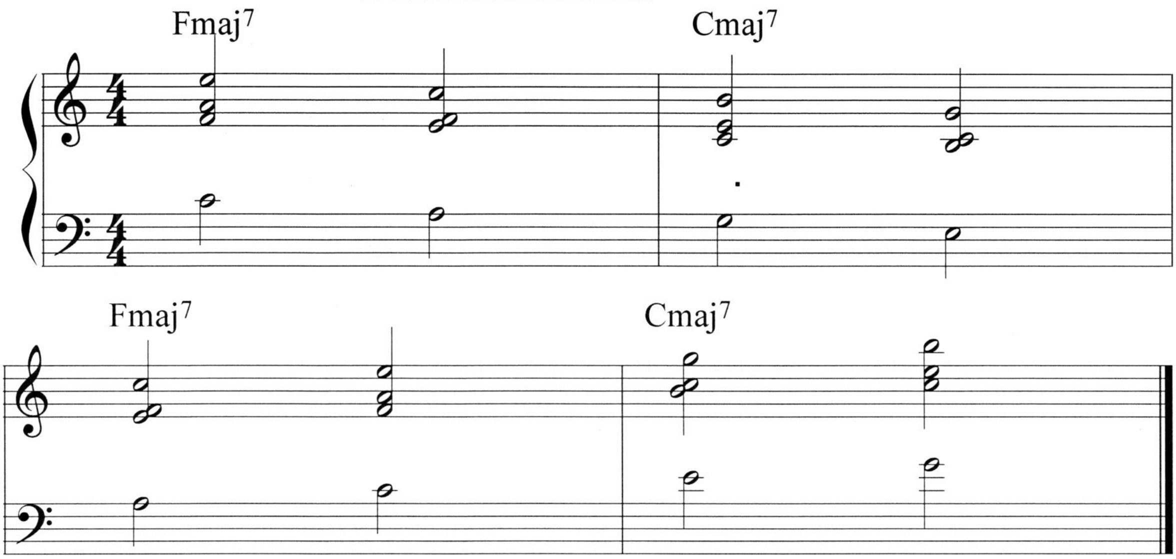

No acorde Fmaj7(#11) está contido um acorde de Cmaj7. Alternar esses dois acordes, dentro do acorde básico, é bom para se criar novas sonoridades.

Técnica Drop – acorde maior

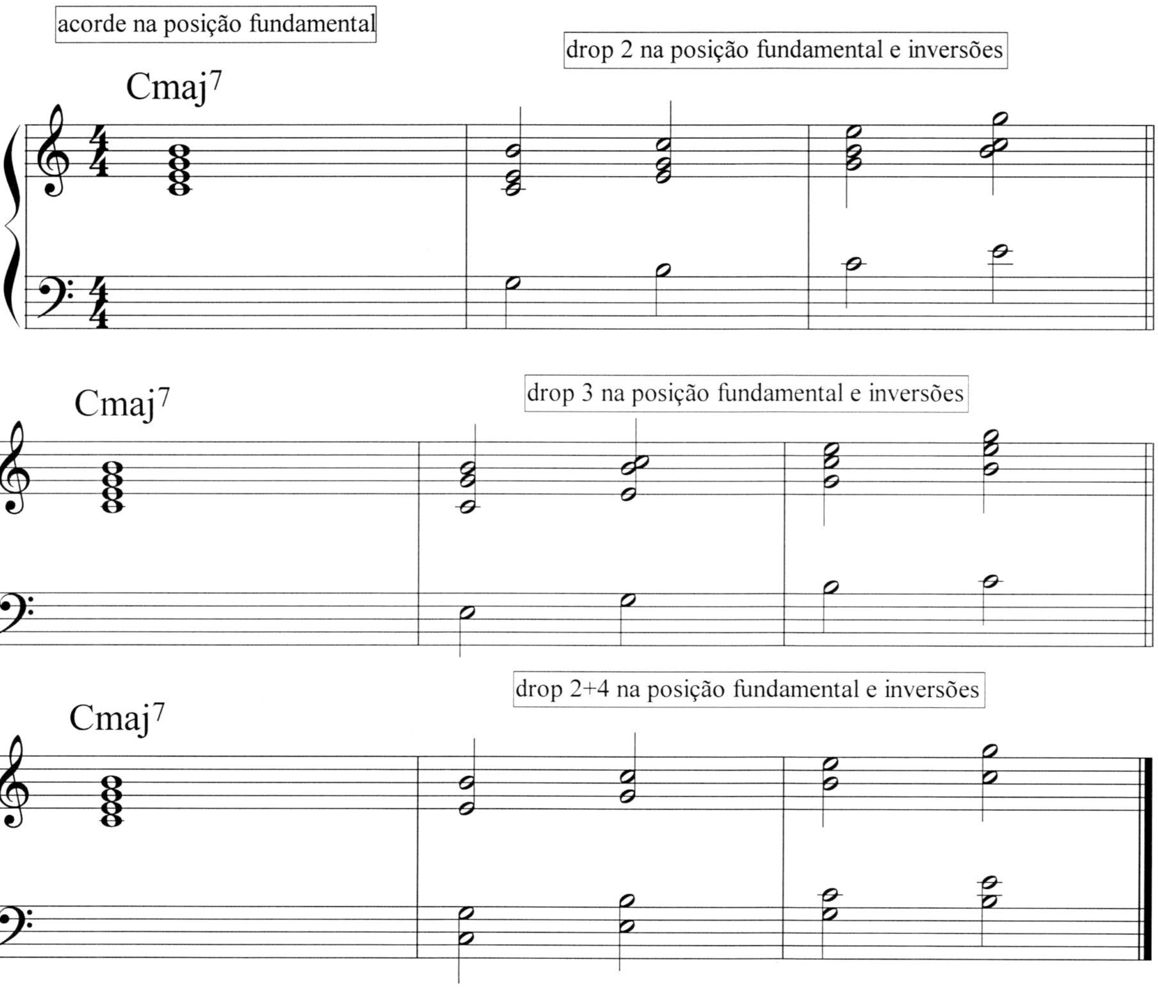

Explicação:

Drop é uma técnica de arranjo de jazz. "To drop" significa "deixar cair". Quando lemos um acorde na partitura olhamos ele na forma vertical. Drop 2 significa que a segunda nota do acorde, contando do agudo para o grave, irá cair para a oitava abaixo. É uma técnica de distribuição de notas dos acordes. No drop 3 a terceira nota do acorde vai para a oitava de baixo. No Drop 2+4 a ordem é a mesma, a segunda e a quartas nota descem uma oitava.

Técnica Drop – acorde maior

acorde na posição fundamental

drop 2 na posição fundamental e inversões

drop 3 na posição fundamental e inversões

drop 2+4 na posição fundamental e inversões

Técnica Drop – acorde maior

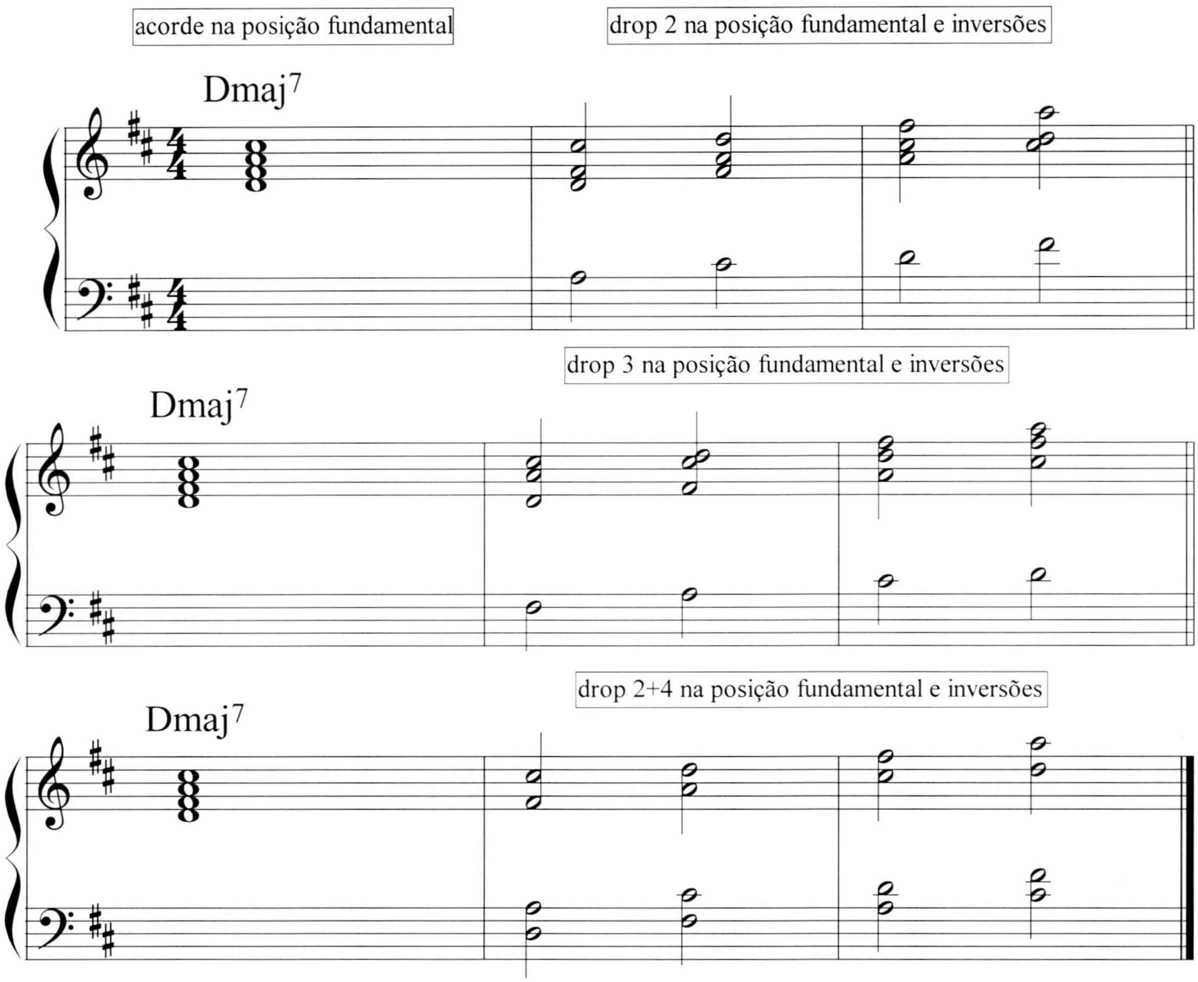

Técnica Drop – acorde maior

acorde na posição fundamental

drop 2 na posição fundamental e inversões

drop 3 na posição fundamental e inversões

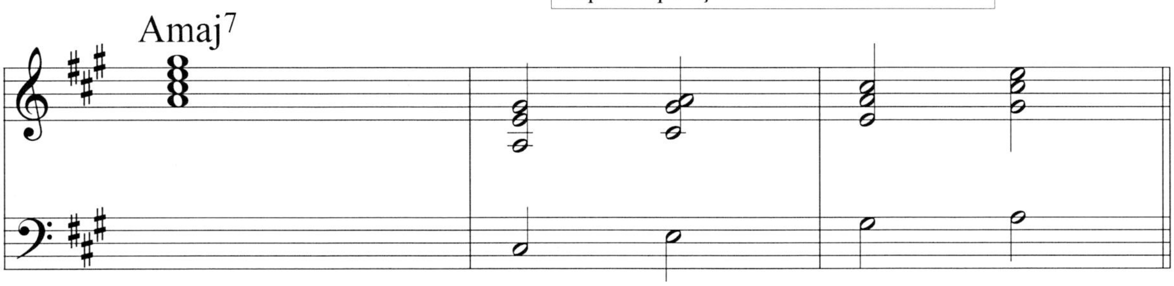

drop 2+4 na posição fundamental e inversões

Técnica Drop – acorde maior

acorde na posição fundamental

drop 2 na posição fundamental e inversões

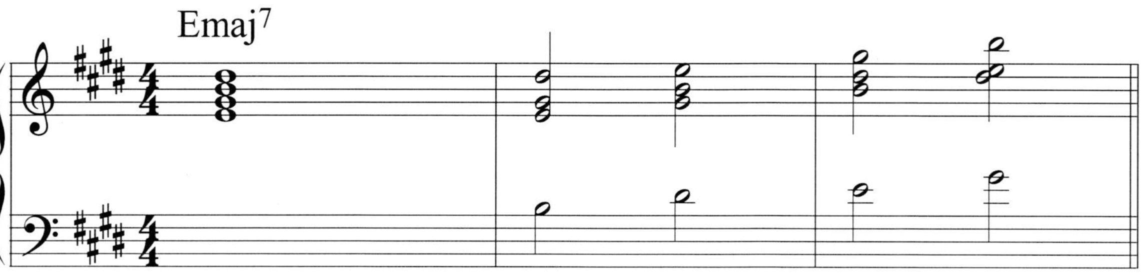

drop 3 na posição fundamental e inversões

drop 2+4 na posição fundamental e inversões

Técnica Drop – acorde maior

acorde na posição fundamental

drop 2 na posição fundamental e inversões

drop 3 na posição fundamental e inversões

drop 2+4 na posição fundamental e inversões

Técnica Drop – acorde maior

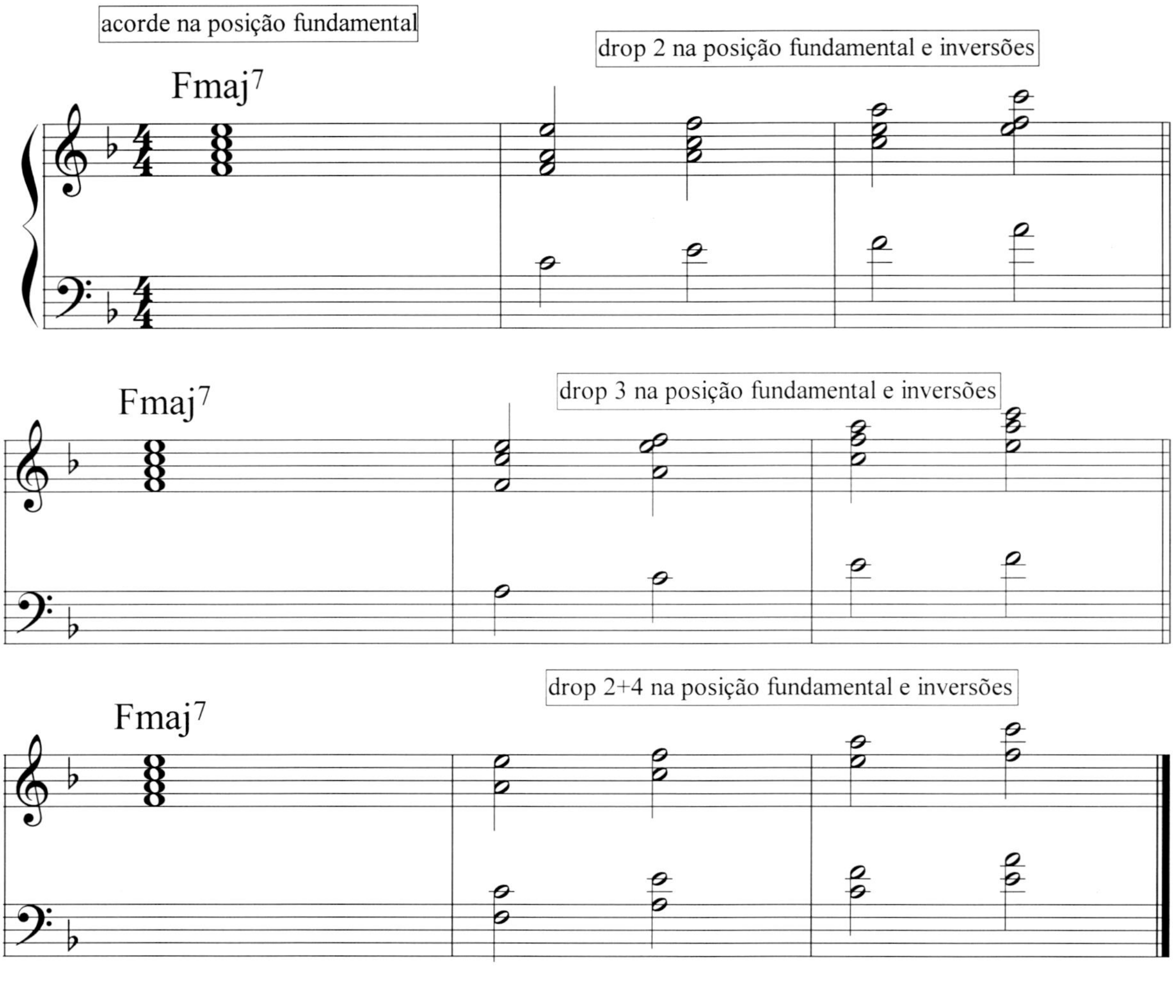

Técnica Drop – acorde maior

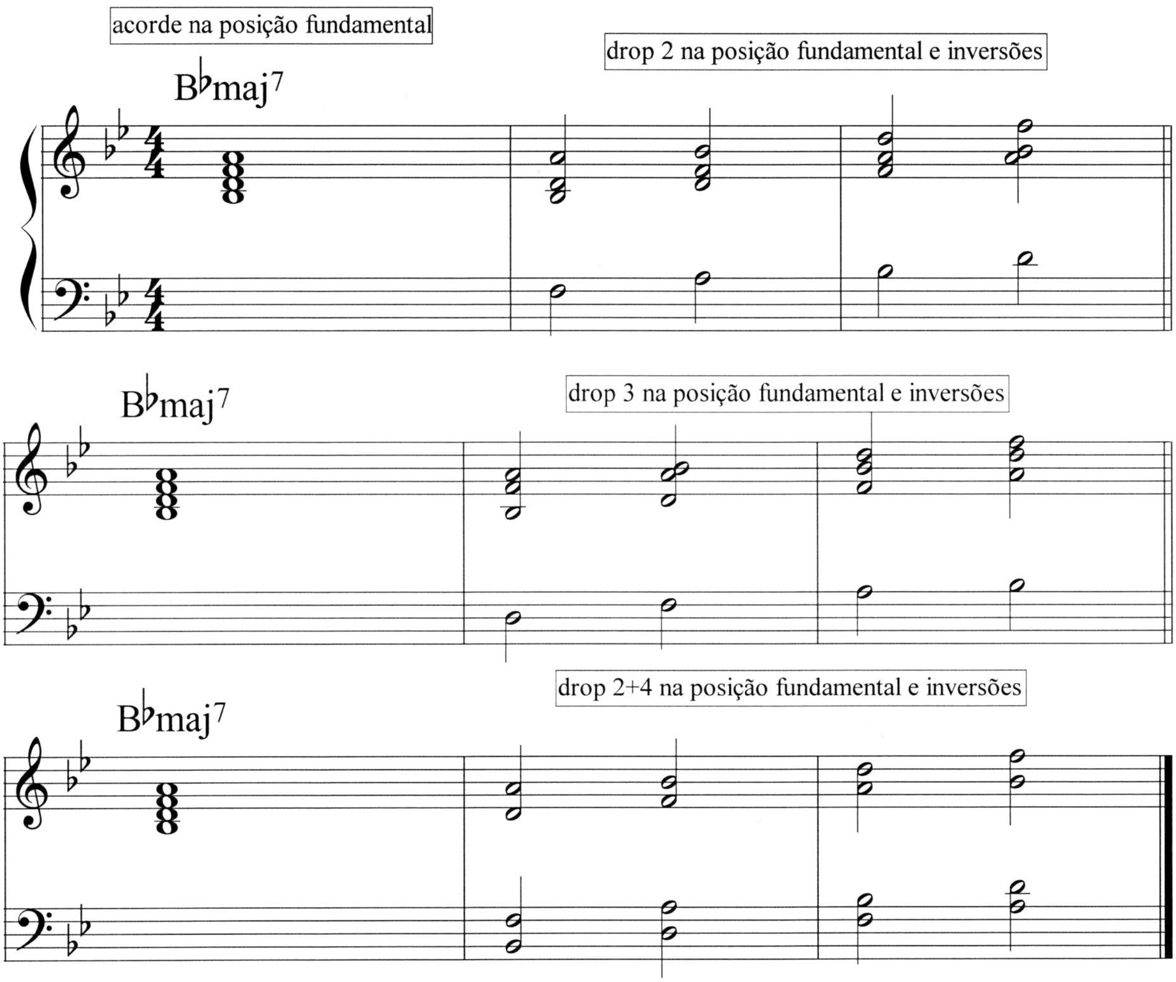

Técnica Drop – acorde maior

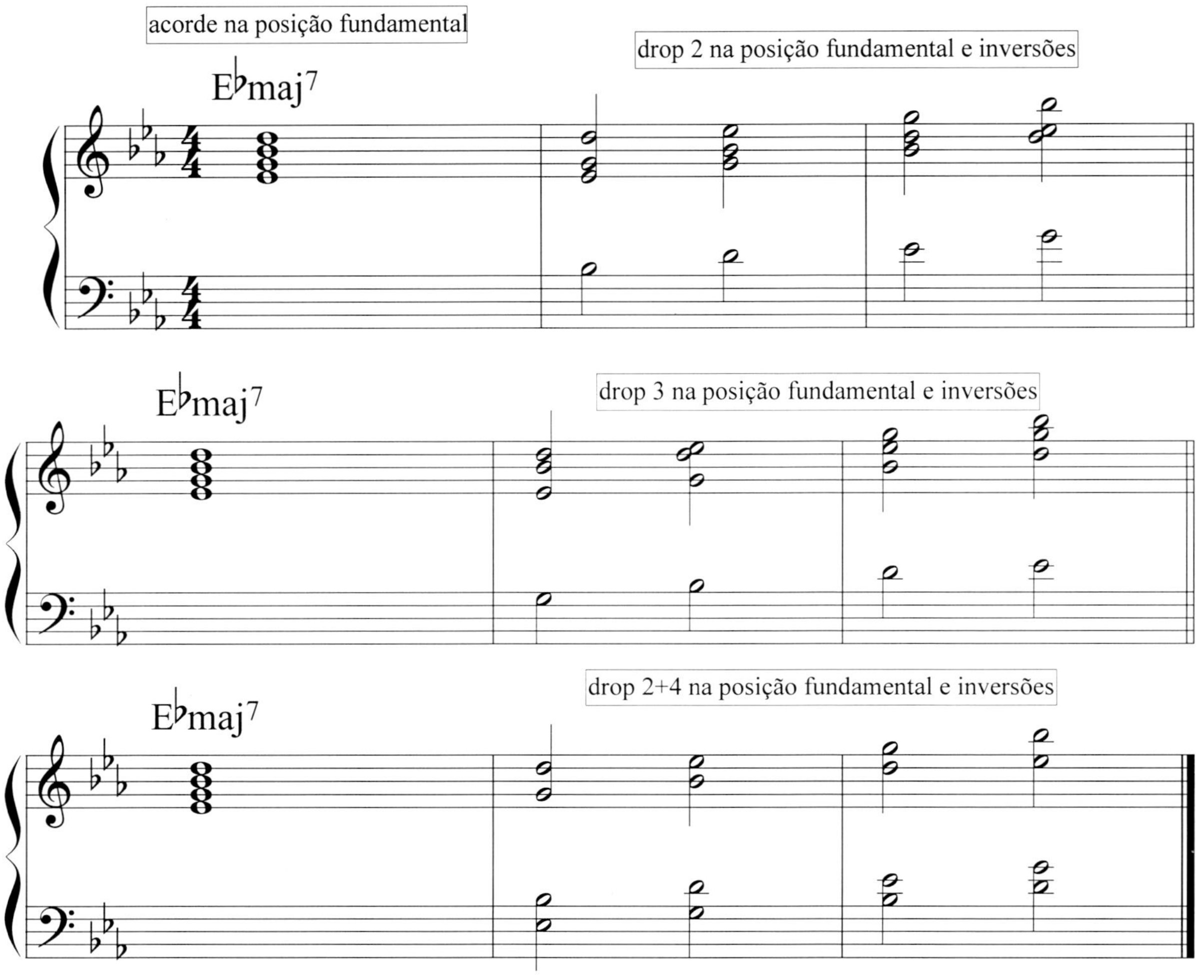

Técnica Drop – acorde maior

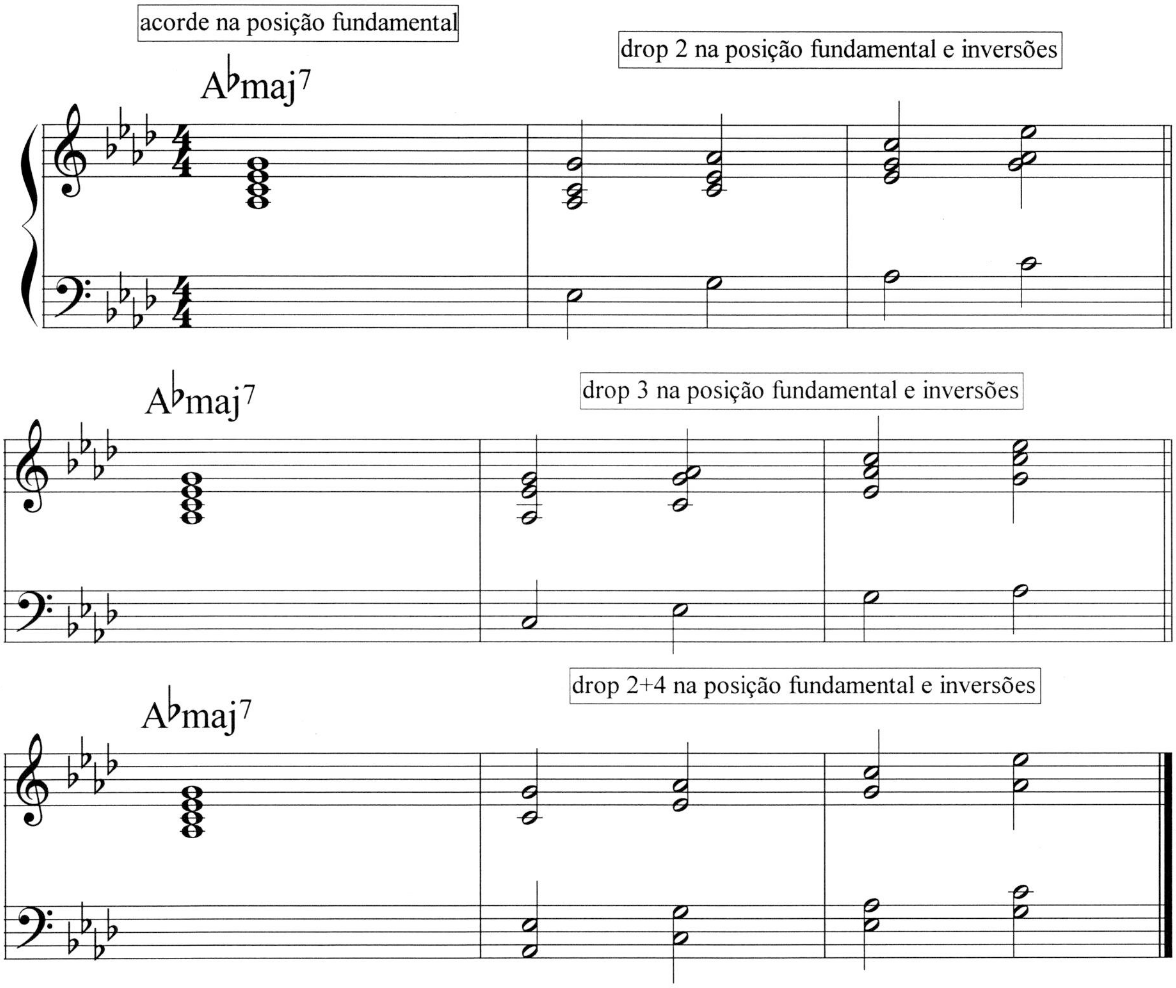

Técnica Drop – acorde maior

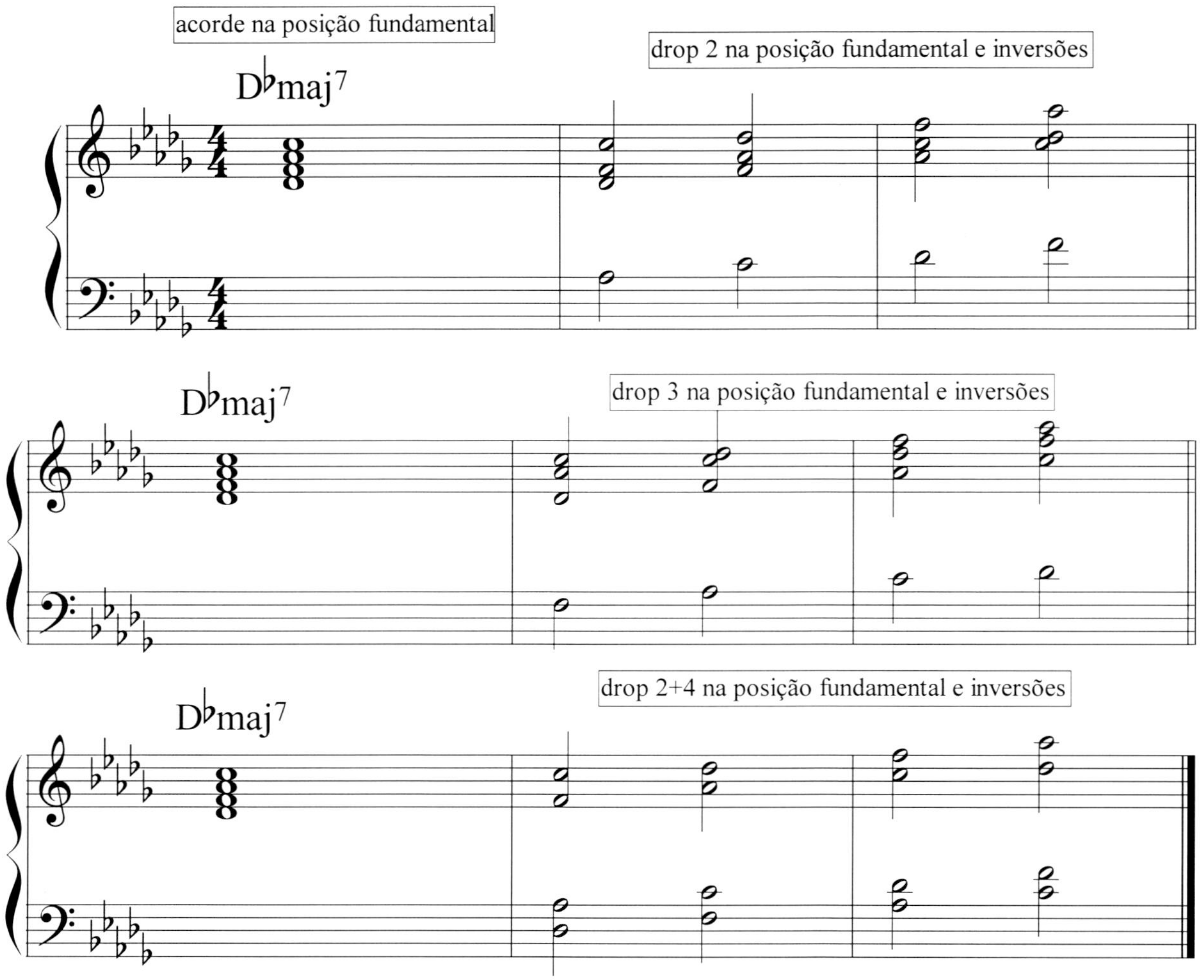

Técnica Drop – acorde maior

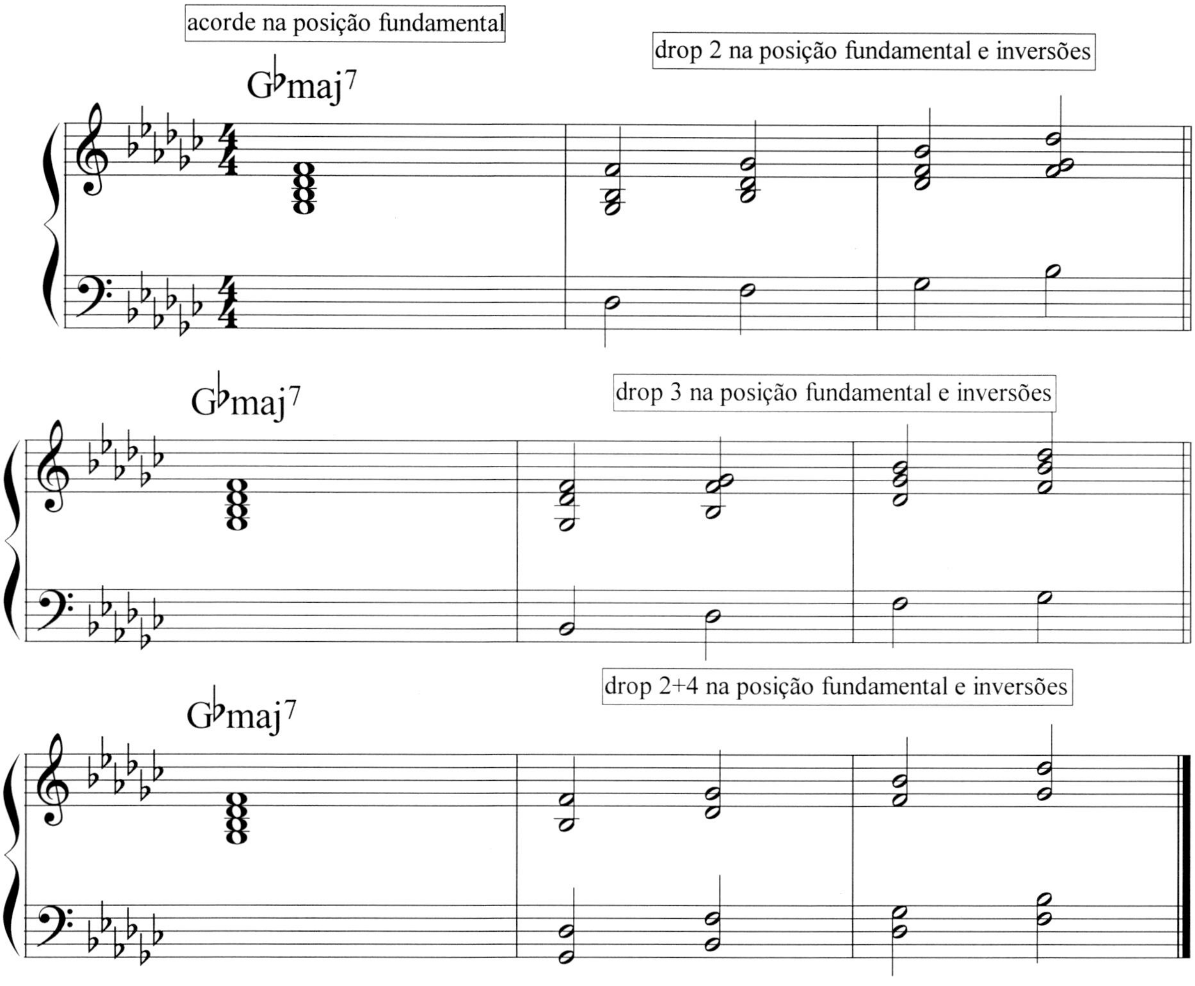

Técnica Drop – acorde menor

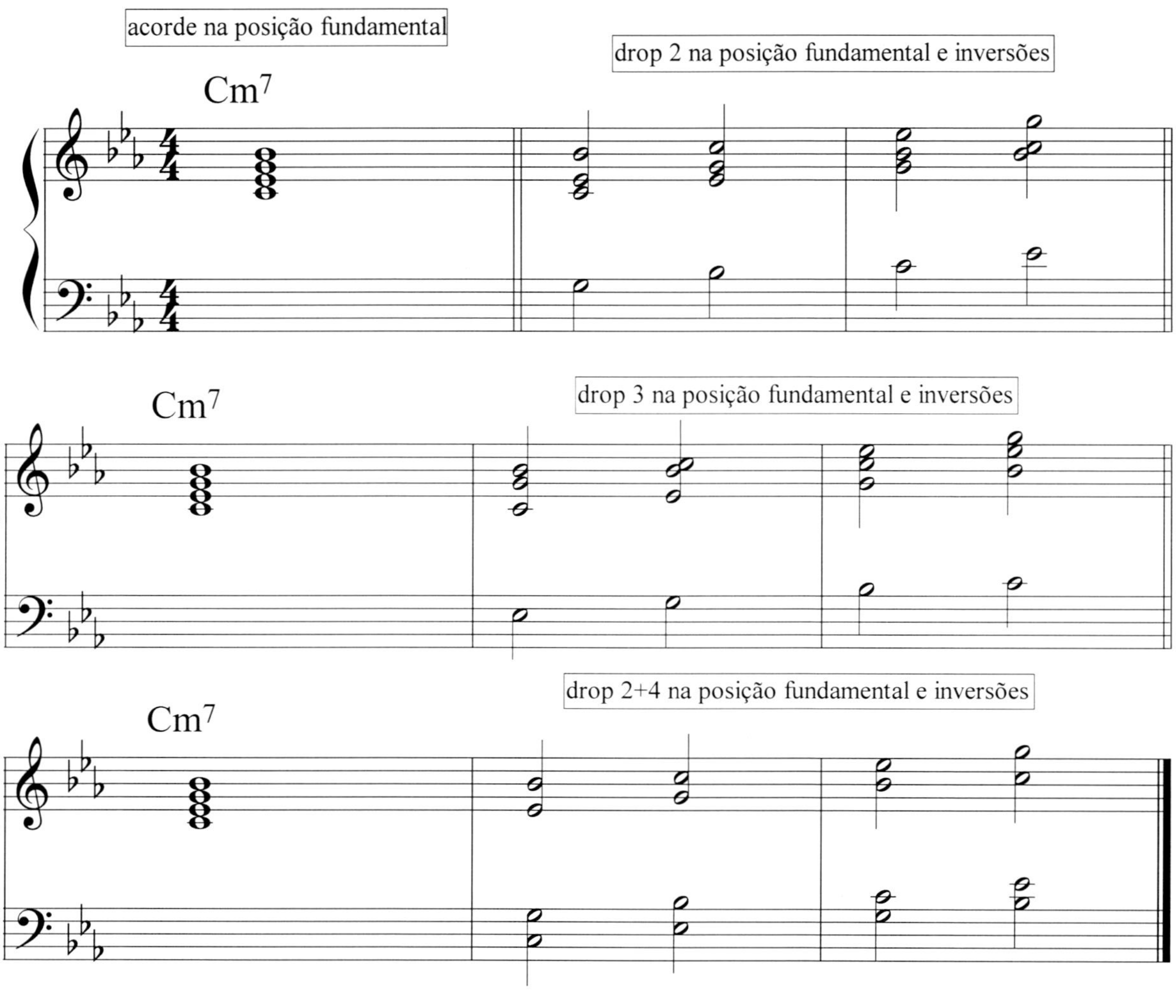

Técnica Drop – acorde menor

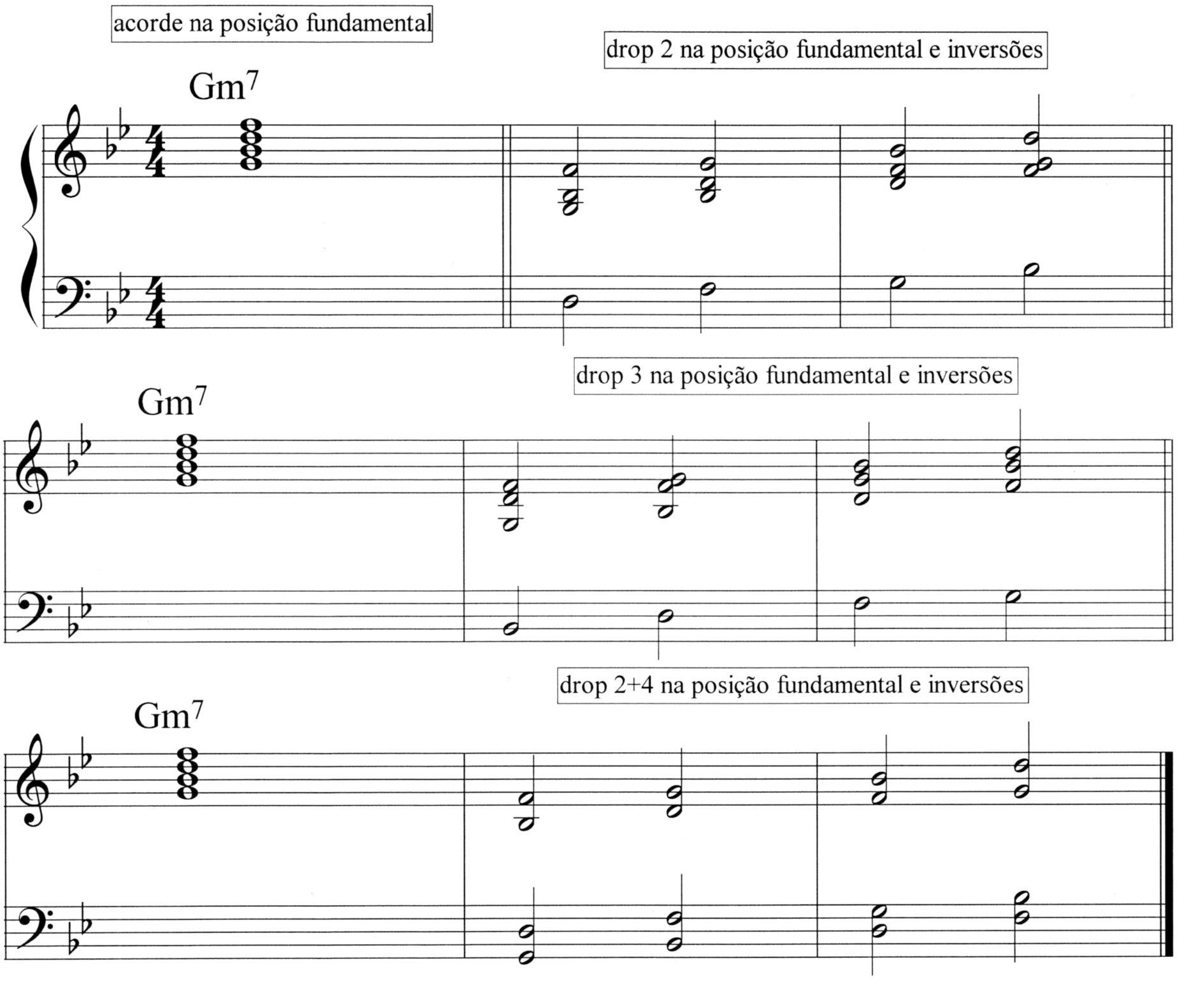

Técnica Drop – acorde menor

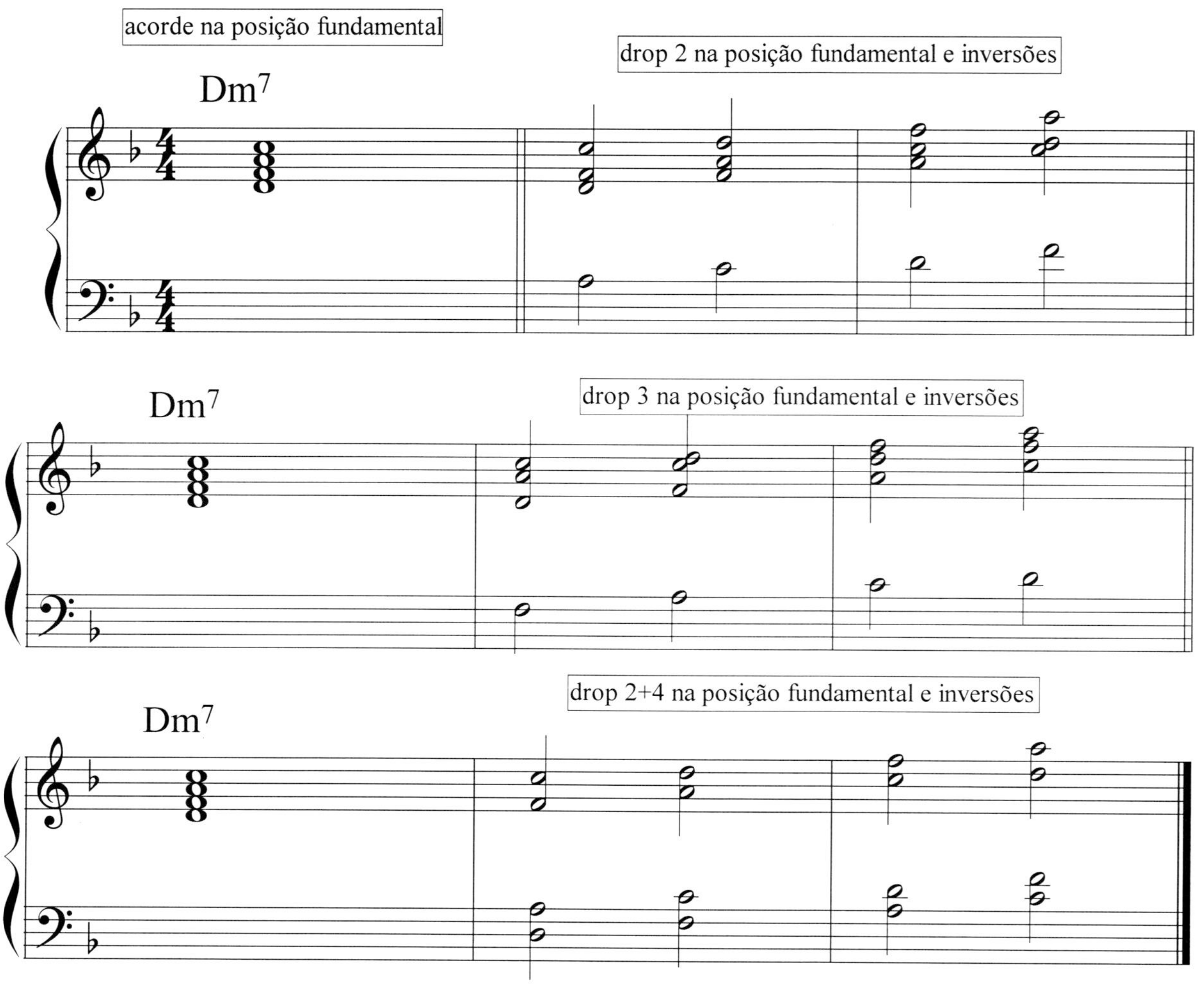

Técnica Drop – acorde menor

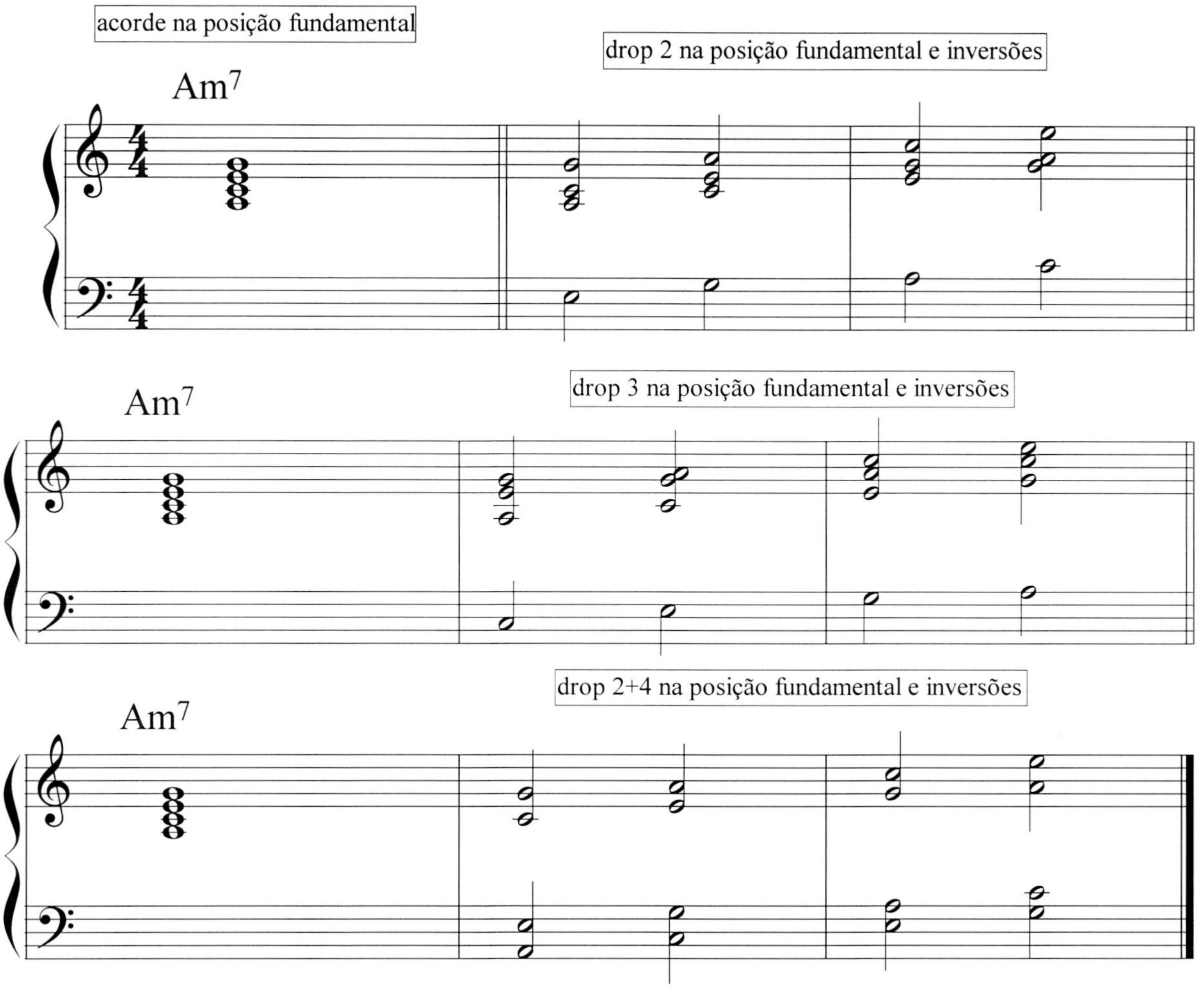

Técnica Drop – acorde menor

acorde na posição fundamental

drop 2 na posição fundamental e inversões

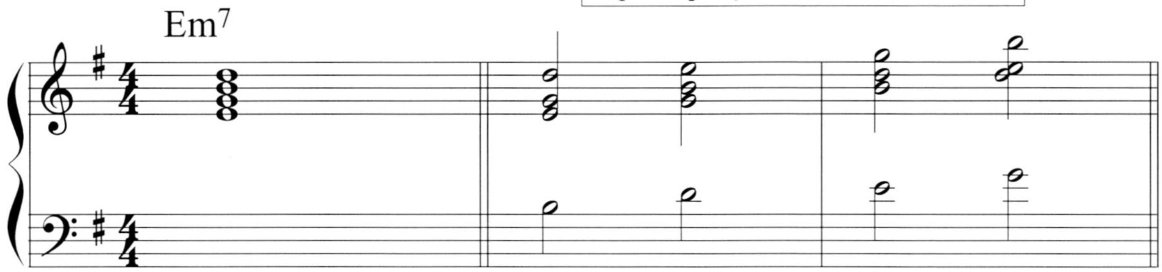

drop 3 na posição fundamental e inversões

drop 2+4 na posição fundamental e inversões

Técnica Drop – acorde menor

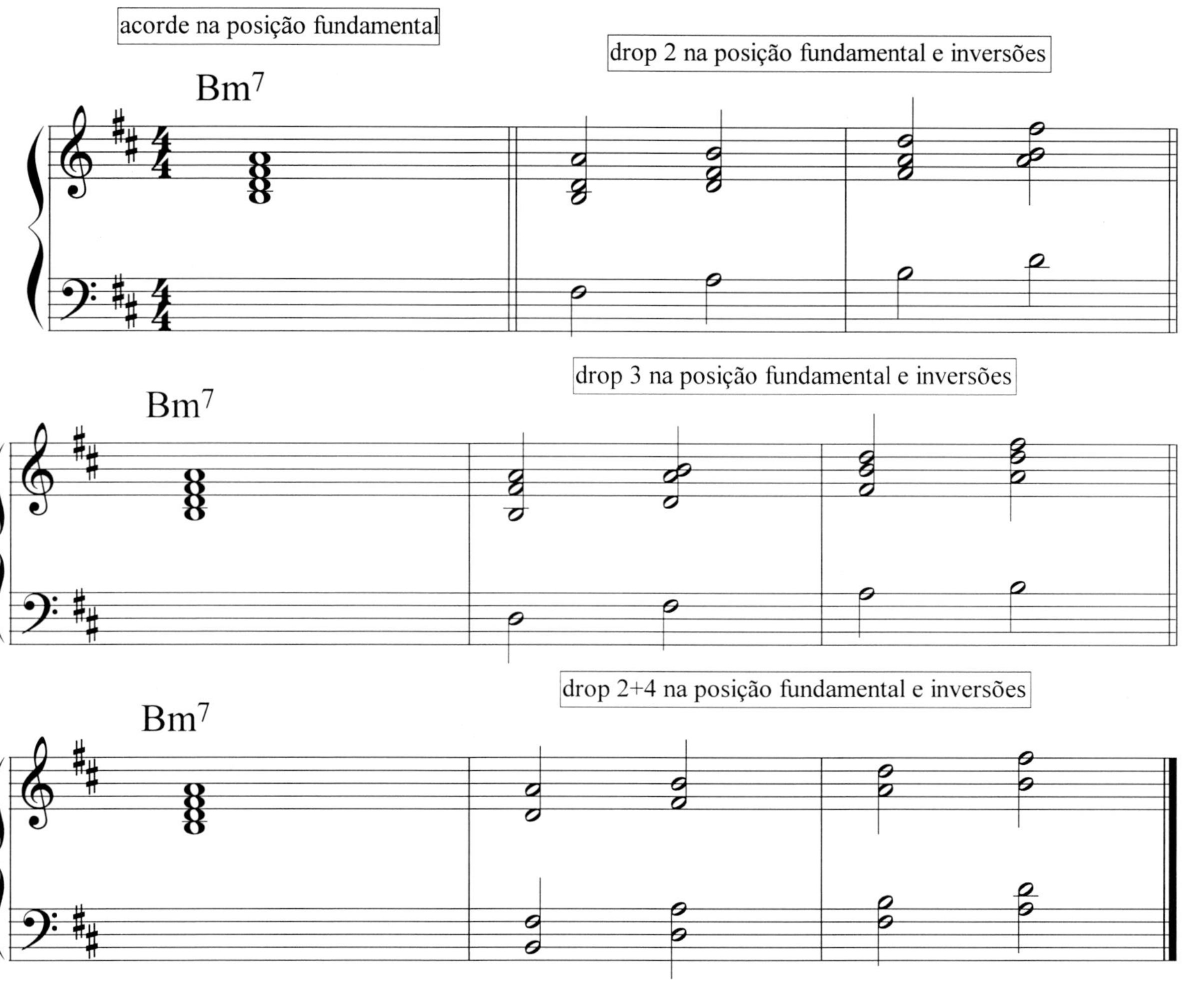

Técnica Drop – acorde menor

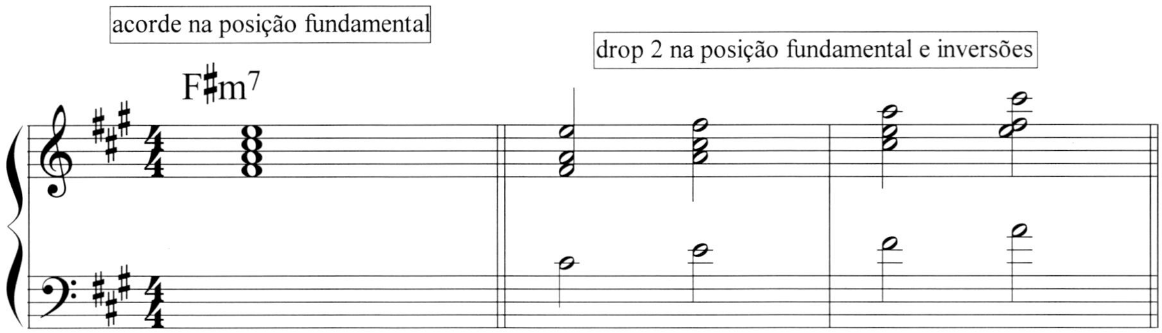

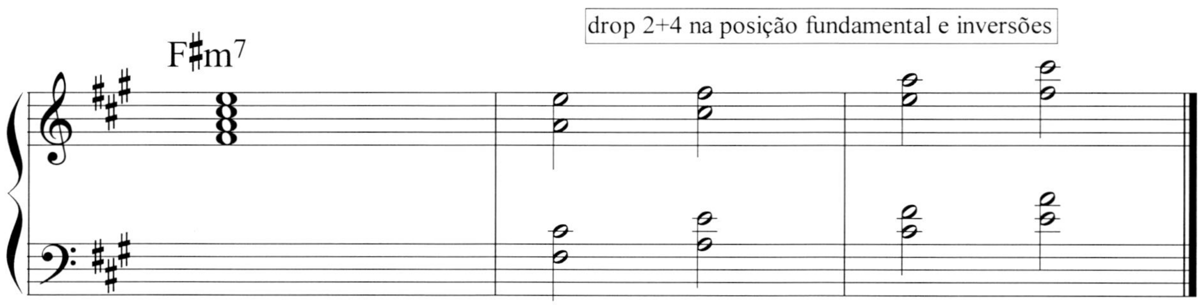

Técnica Drop – acorde menor

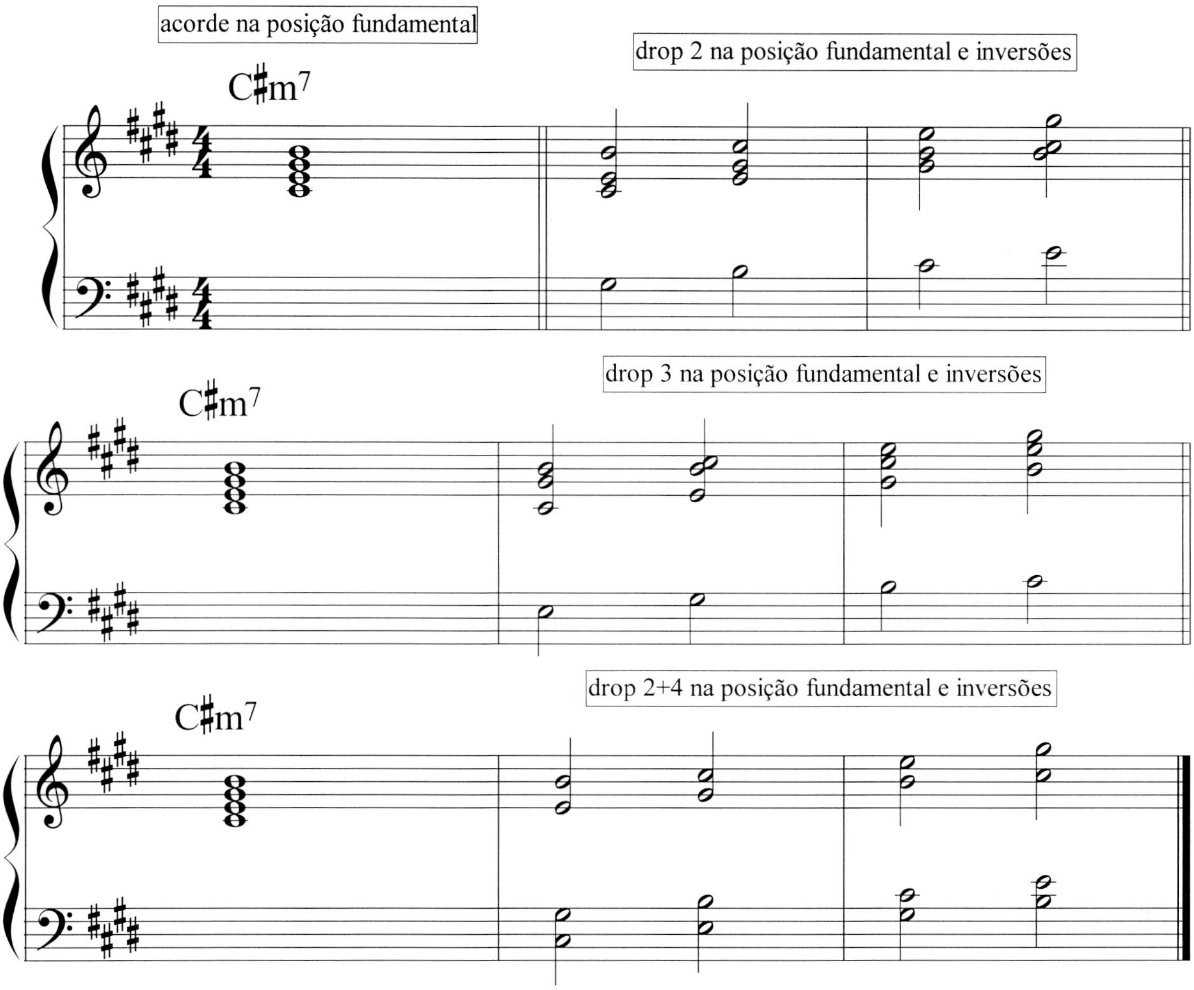

Técnica Drop – acorde menor

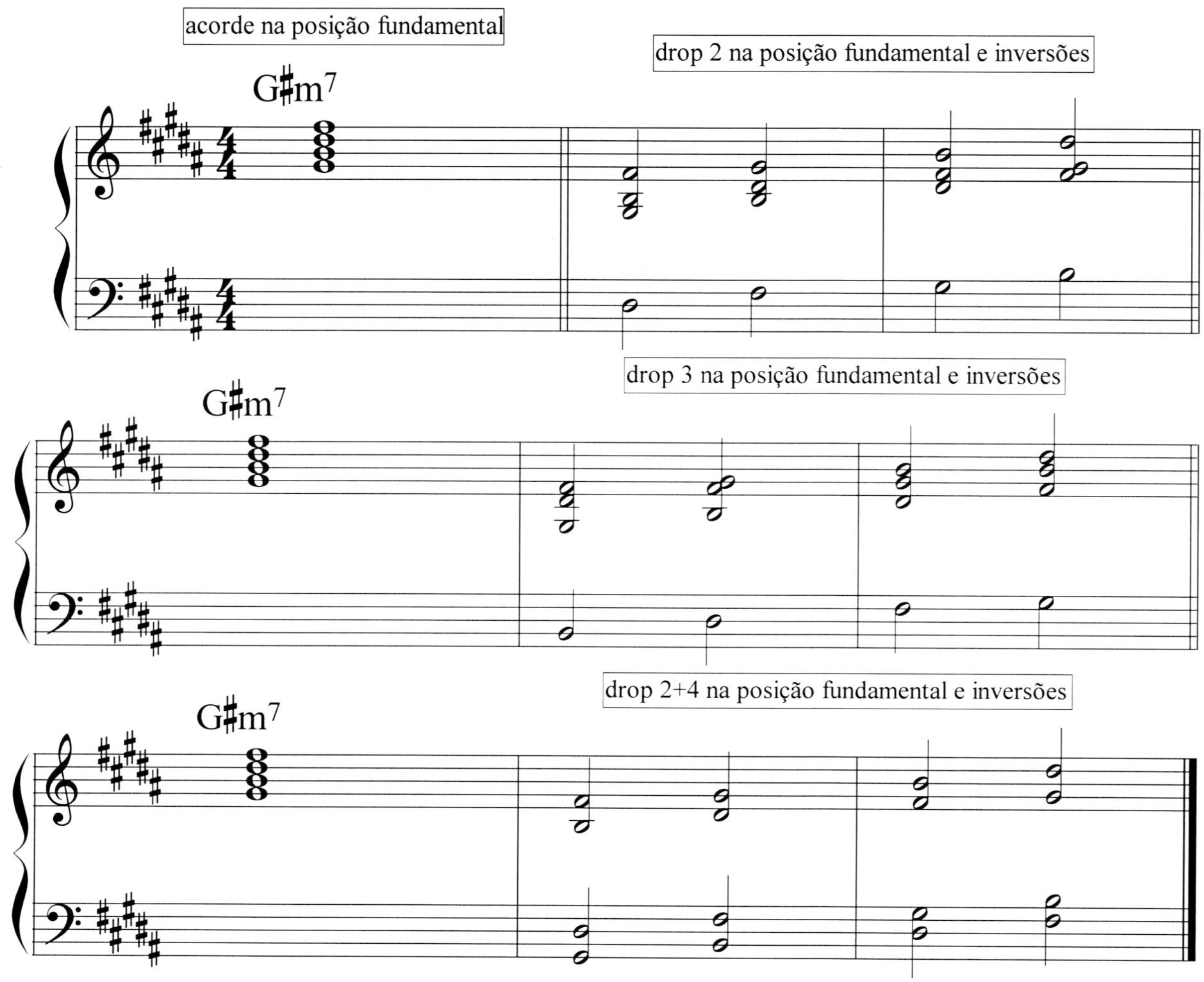

Técnica Drop – acorde menor

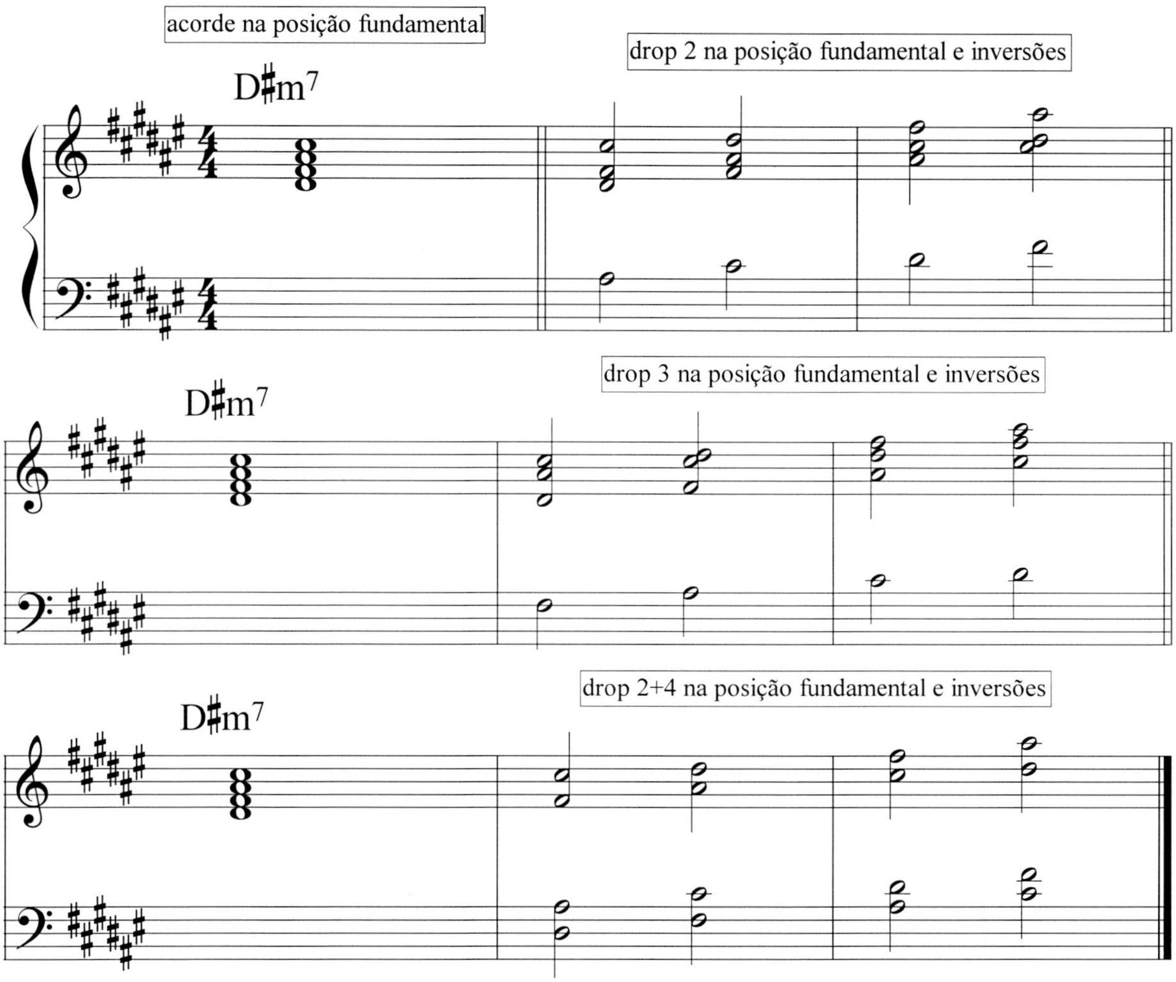

Técnica Drop – acorde menor

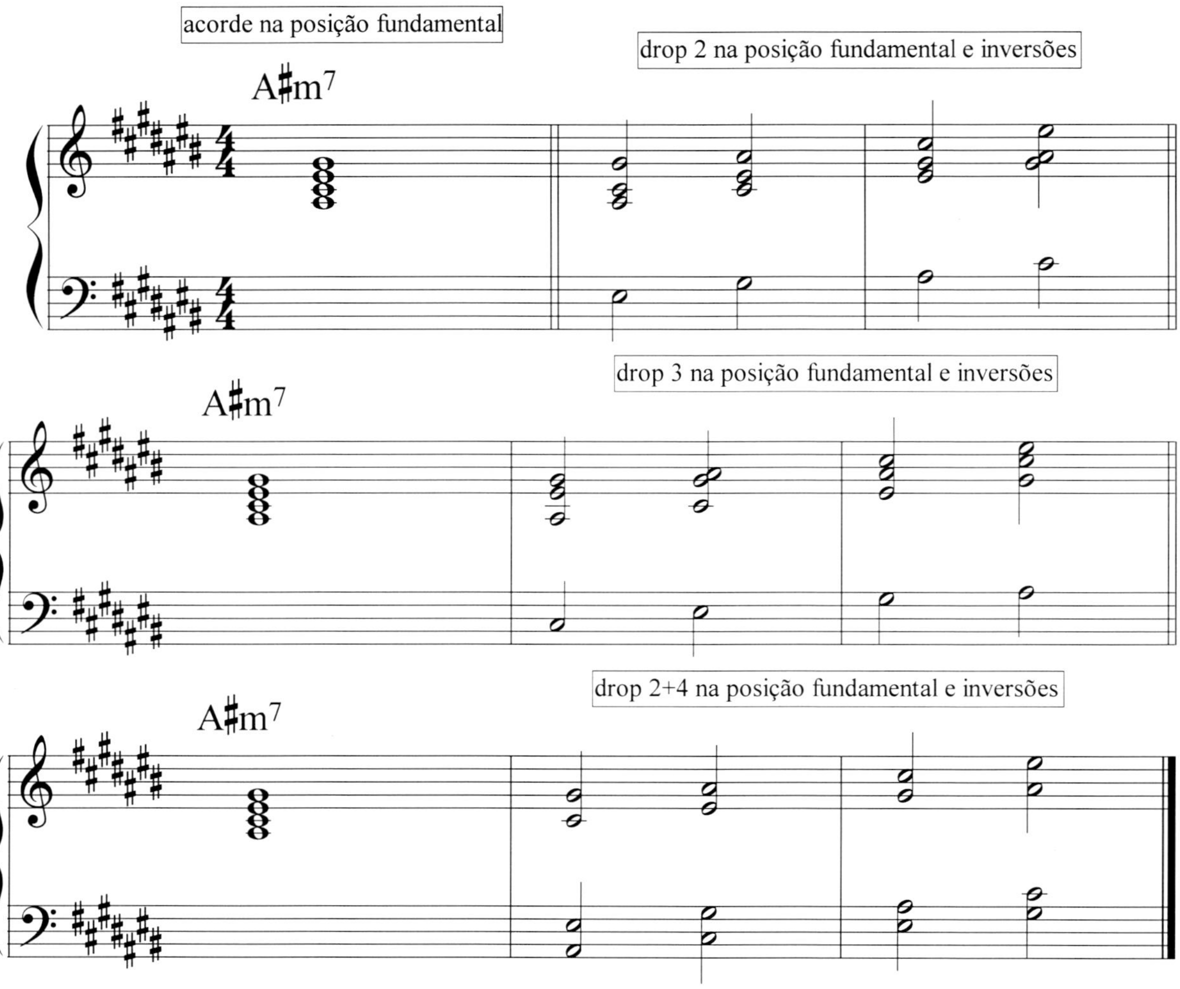

Técnica Drop – acorde menor

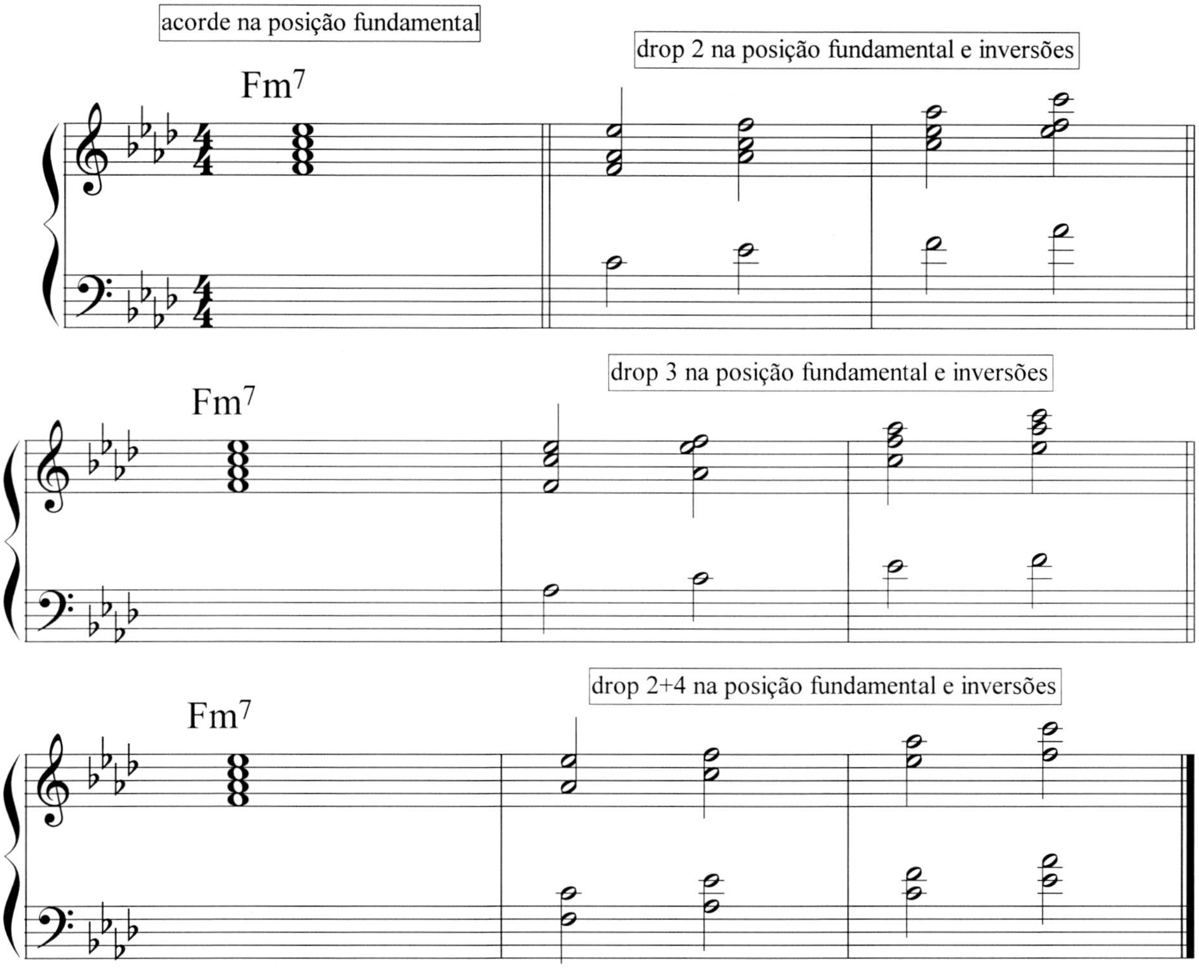

Resoluções

Napolitano
Italiano
Francês
Alemão
Interpolated cadencial
In major

Acordes para clima estrutural

Esta técnica é chamada de acordes tensionais. É uma superposição de tríades maiores e acordes de quartas em cada grau de um acorde menor com sétima. Funciona bem para improvisações livres porque cria um senso de estrutura num contexto que teoricamente não tem sentido.

Acordes de cinco notas – clusters

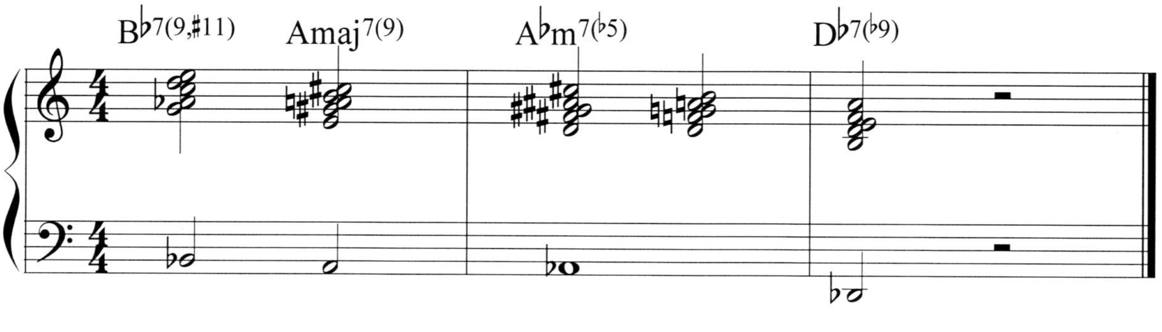

Acordes de cinco notas para a mão direita. Esse acordes são clusters, uma nota bem perto da outra. Têm um estilo moderno, dissonante.

Acorde multifunção

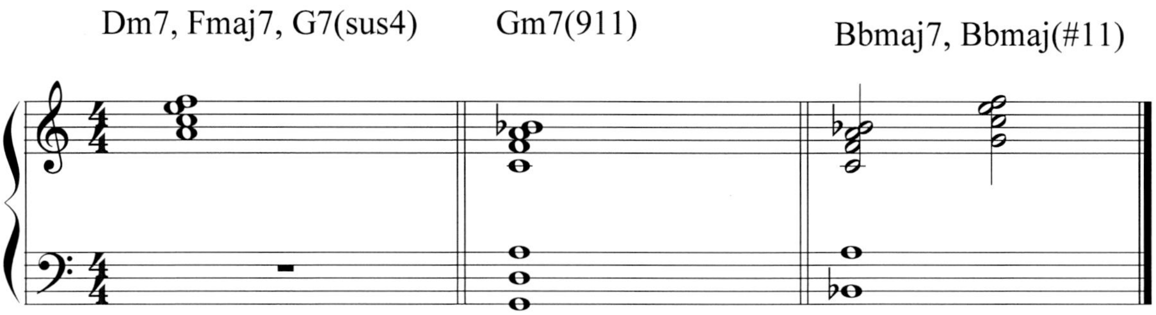

Este acorde é bom. Tem um som complexo, levemente dissonante, mas muito rico.

Tríades com função dominante

G7(b13)

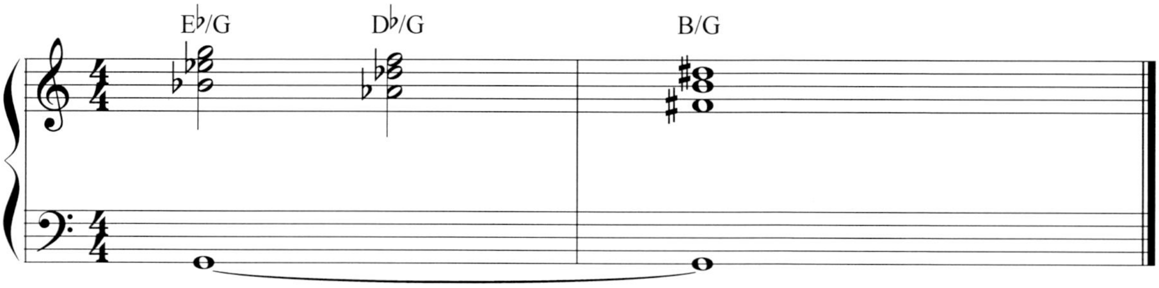

As tríades de Eb e Db são da escala de G alterada. A tríade de B maior não tem função harmônica ou origem numa escala, mas ela passa a impressão de dominante porque é uma continuação das tríades.

Acordes lídios

Acordes de quatro notas

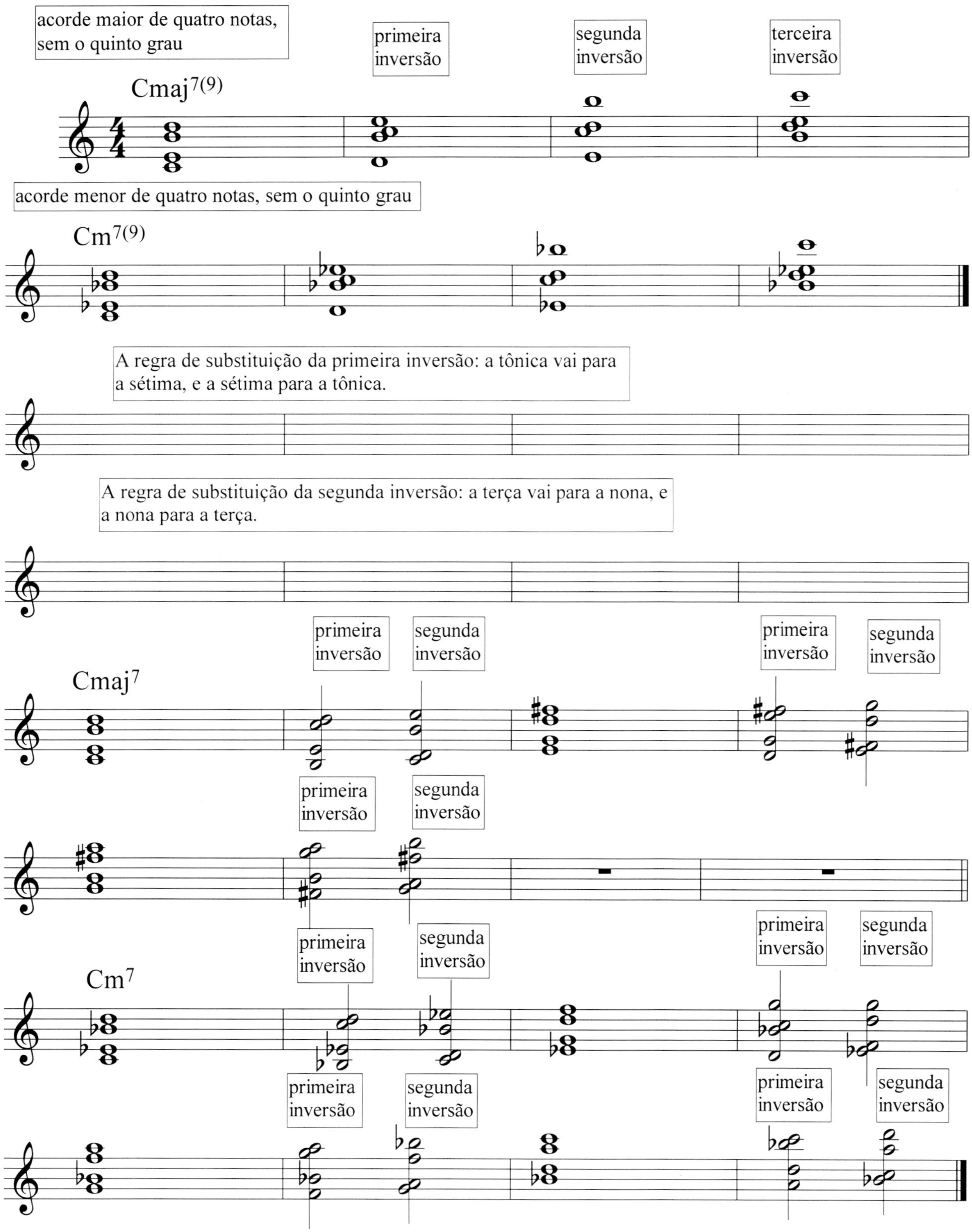

Acorde de quatro sons multifuncional

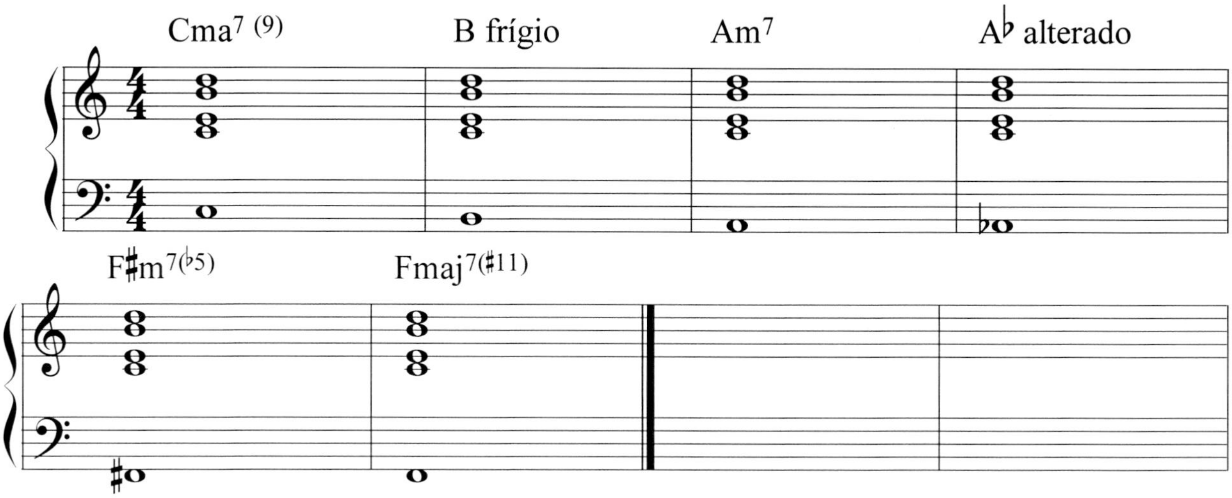

Dissonâncias da escala diminuta dominante

1

praticar nos acordes C7(b9), Eb7(b9), Gb(b9), A7(b9)

Ex. 01

Ex. 02

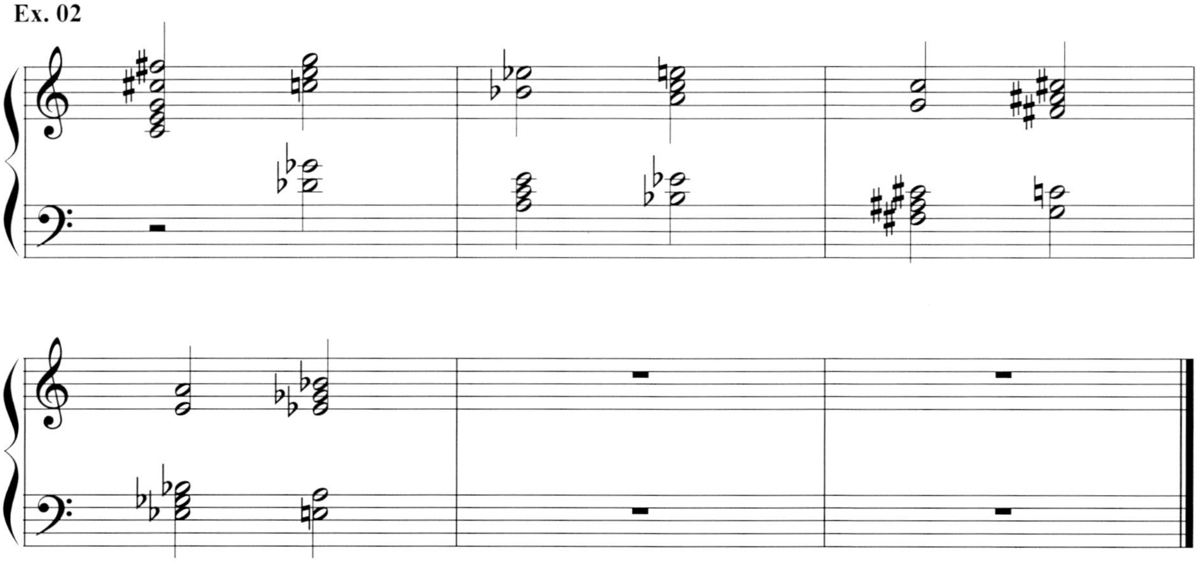

Ex. 03

CURIOSIDADES DA MÚSICA

Em grego, **orchêstra** era o lugar destinado à dança, onde também ficavam os músicos instrumentistas. Séculos depois, passou a designar um grupo de instrumentos que tocam juntos. O número de instrumentos pode variar entre um grande número (orquestra sinfônica) e um grupo reduzido (orquestra de câmara).

A orquestra filarmônica, na sua origem, em nada difere de uma sinfônica quanto à quantidade de instrumentistas. As duas divergem apenas na sua natureza, pois as filarmônicas eram orquestras mantidas por grupos de admiradores, enquanto as sinfônicas são orquestras mantidas pela iniciativa privada ou governamental. Todas as filarmônicas são sinfônicas.

A MPB surgiu no período colonial brasileiro, com a mistura de vários estilos. Entre os séculos XVI e XVII, mesclaram-se: cantigas populares, sons de origem africana, cantos e sons indígenas, fanfarras militares, músicas religiosas e músicas eruditas europeias.*

---

* **Acervo Educacional TV Cultura**. São Paulo: Editora Bearare, 2009.

A música das esferas, também conhecida como harmonia das esferas ou música universal, é um antigo conceito definido pelos gregos que postula a existência de uma harmonia divina e matemática entre o macrocosmo e o microcosmo.

Pitágoras fez escola, e a partir dele outros filósofos consolidaram e difundiram a ideia de que a música era uma arte que tinha implicações de ordem cosmológica, metafísica e moral. A música, para eles, tinha o poder de influir efetivamente no mundo e na disposição das pessoas, e por isso os músicos deveriam reproduzir a harmonia celeste em suas composições em nome da preservação da ordem social e da formação do bom cidadão. Ao mesmo tempo, rapidamente esta "matemática divina" penetrou no campo da estética, associando as proporções "perfeitas" à beleza, influenciando decisivamente as artes visuais, a dança e a arquitetura, e impregnou também a filosofia política, com a harmonia sendo considerada a base do Estado ideal.

Em sua época eram conhecidos apenas os planetas visíveis a olho nu: Mercúrio, Vênus, Marte, Júpiter e Saturno. Segundo sua teoria, eles, mais o Sol e a Lua, giravam em torno da Terra. Tendo estabelecido a existência de sete notas na escala musical, ele as associou aos planetas, que calculou se moverem em velocidades que tinham a mesma relação entre si que as notas da escala musical, identificando Saturno com a nota Si, Júpiter com Dó, Marte com Ré, o Sol com Mi, Mercúrio com Fá, Vênus com Sol e a Lua com Lá. Uma oitava sonoridade derivaria do conjunto dos sons gerados pela revolução das esferas celestes. No entanto, isso não implicava que esta música fosse audível pelos ouvidos humanos, era antes um conceito abstrato perceptível pelo intelecto, que, para Pitágoras, não obstante, consistia no segredo mais profundo da estrutura do cosmos.*

* Texto da internet.

"A música é o meio mais poderoso do que qualquer outro porque o ritmo e a harmonia têm sua sede na alma. Ela enriquece esta última, confere-lhe a graça e ilumina aquele que recebe uma verdadeira educação."

Platão

BIOGRAFIA

O livro é de criação livre, mas os ensinamentos me foram transmitidos por várias pessoas ligadas ao piano e ao estilo de música de jazz. Meu pai, Hugo Lima, era pianista amador, autodidata e ensinou-me os primeiros acordes. Os ensinamentos principais do livro recebi de meus professores de piano na Berklee College of Music (USA), Jeff Covell e Dean Earl. Outros conhecimentos adquiri do professor particular americano de piano, Charlie Banacos (autor de livros informais de música). No Brasil, o pianista tunisino, radicado no Rio de Janeiro, Serge Scollo deu-me lições sobre os acordes de jazz, assim como o pianista americano Jeff Gardner, também radicado no Rio de Janeiro. Tive aulas de harmonia popular com o pianista Luís Eça, expoente do piano na bossa nova. Tive aulas com o trombonista e professor de arranjo, o americano Phil Wilson. O processo de extrair os acordes das escalas musicais foi-me ensinado em seu curso de arranjo, na Berklee College of Music, e é a base principal do desenvolvimento do livro. Alguns exercícios do livro são técnicas de arranjo, de distribuição de notas dos acordes.

BIBLIOGRAFIA

- Abrindo caminhos - iniciação à história da música e sua relação com outras artes, de Fernanda Negreiros, Gryphus Editora, Rio de Janeiro, 2000.
- Basic principles in pianoforte playing, de Josef Lhevinne - Dover Publications Inc., New York , 1972.
- Billy Taylor piano styles, de Billy Taylor – Hal Leonard Books, Milwaukee, 2007.
- Bret Willmott complete book of harmony, theory & voicing, de Bret Willmott – Mel Bay Publications, Pacific, 1994.
- Dave Brubeck time out: The Dave Brubeck Quartet, de Dave Brubeck, Iola Brubeck and Paul Desmond – Alfred Music Publishing, Van Nuys, 1959.
- Dicionário de música, de Tomás Borba e Fernando Lopes Graça – Editora Cosmos, São Paulo, 1962.
- Jazz piano book, de Mark Levine – Sher Music, Petaluma, 1989.
- Pentatonic scales for jazz improvisation, de Dave Baker – Alfred Music Publishing, New York, 1976.
- Piano technique, de Walter Gieseking e Karl Leimer - Dover Publications Inc., New York, 1972.
- Poetics of music in the form of six lessons, de Igor Stravinsky - Harvard University Press, Boston, 1970.
- Structural functions of harmony, de Arnold Schoenberg - W. W. Norton Company Inc., New York, 1969.
- The art of piano playing (a scientific approach), de George Kochevitsky – Alred Music Publishing, New York, 1996.

- The shaping forces in music: an inquiry into the nature of harmony, melody, counterpoint and form, de Ernst Toch – Dover Publications Inc., New York, 1977.
- Thesaurus of scales and melodic patterns, de Nicolas Slonimsky – Schirmer Books, New York, 1947.

Este livro foi diagramado utilizando a fonte Segoe Print
e impresso pela Gráfica Alvolaser, em papel off-set 120 g/m²
e a capa em papel cartão supremo 300 g/m².